Vincenzo Loiodice

Ah... Beata Gioventù!

Vincenzo Loiodice

Ah... Beata Gioventù!

Consigli non richiesti per giovani chiamati alla santità

Edizioni Sant'Antonio

Cover image: www.ingimage.com

Publisher:
Edizioni Accademiche Italiane
is a trademark of
International Book Market Service Ltd., member of OmniScriptum Publishing Group
17 Meldrum Street, Beau Bassin 71504, Mauritius

Printed at: see last page
ISBN: 978-620-2-00070-3

"… finché esisto, esisto per Dio".

V. E. Frankl

Indice

Introduzione 5

1. Ah… beata gioventù! 7

2. Il sorriso: che meraviglia! 8

3. Prima sbadiglio e poi mi sveglio?! 10

4. La mia meta: l'equilibrio 11

5. Di generazione in generazione, di violenza in violenza? 13

6. Nonno, sei connesso? 15

7. Non lasciate che decidano per voi! 16

8. Non mi muovo da qui 18

9. Il prete? Un alieno del tutto normale! 20

10. Le relazioni a misura di spread 21

11. L'investimento che non fallisce mai 23

12. Una sfida da affrontare 25

13. RuUUUggisci un po'! 26

14. Va dove ti porta il cuore ma... vacci armato! 28

15. Tra Sfitto e Sfratto 30

16. Che lavoro fai? Genero bene comune 31

17. La prevalenza del nonno 33

18. Dimmi come ti sposi e ... ti dirò chi sei! 35

19. Studente o sfuggente? 37

20. L'ombra del testimone 38

21. Eroi tutti i giorni 40

22. Smetto quando voglio? 42

23. Un ristorante buono da morire 43

24. Un bullo per ogni gregge (di pecore) 45

25. Il rumore della gioia 47

26. Prima o poi ti sposo! Più poi... 49

27. La Sfida da vincere? Restare insieme! 50

28. Nel segno del grazie 52

29. Quattro salti nel delirio 53
30. Differenziarsi differenziando 55
31. Farmi ibernare? Manco morto!!! 57
32. Giustizia fai da te? Ahi, ahi, ahi! 58
33. Le ragioni del loro sorriso 60
34. Al di qua del polo nord 62
35. Te lo do io il riot 64
36. Attenti al lupo! 65
37. Lo scatto in avanti 67
38. Ciak si gira … con lo smartphone! 69
39. A ciascuno il suo…tetto! 71
40. La magia della maturità 73
41. Va' dove ti portano le urla 75
42. E voi che cosa avreste fatto? 77
43. Questa scuola non è un albergo! 78
44. Se potessi avere mille like al mese… 80
45. Meravigliosamente giovani 82
46. Troppo educati per lavorare? 83
47. Tutti dicono "I Love you" 85
48. Per amore solo per amore 86
49. Se questo è un lavoro 88
50. L'isola che non ti isola 90
51. Segnatemi presente 91
52. Un, due, tre ... terra 93
53. Ho un cinema in testa 95
54. Me la scialo con... 97
55. Tu sei bellezza 98
56. Lavori poveri per clienti ricchi? 101
57. Vestirsi da chi ce l'ha fatta 103
58. Pennelli e scale per riveder le stelle 105

59. Forti più di una roccia 107
60. Che ci fa l'avocado nel paniere? 110
61. Lettere ad uno sconosciuto 112
62. Ci conduce la sua volontà 115
63. Sognare in grande 116
64. Chiamati alla Santità 118
65. Immaturi 120
Per concludere 123

Introduzione

Sono pillole di saggezza quelle che padre Vincenzo Loiodice, redentorista, dispensa a larghe mani in queste pagine. Dico "saggezza" e tengo presente che si tratta di un confratello giovane. Eppure, sappiamo che niente nella vita è più relativo della saggezza, perché ogni età ha la "sua" saggezza: parola, quest'ultima, che si radica a sua volta in "sapienza", che vuol dire gusto, sapore, bellezza... e via di questo passo fino a "pienezza di senso". Importante è ridimensionare, ad ogni età, lo spazio mai sufficiente per il proprio EGO, porsi in ascolto, imparare.

Ecco, padre Vincenzo dimostra in queste pagine un'attitudine particolare a farsi interrogare dalla vita. Ci sono dei fatti che accadono, oppure ci sono le cosiddette tendenze della società e della cultura che, per un cristiano qualunque, sono sempre richiamo a quei "segni dei tempi" (Mt 16,3) che Gesù chiedeva di saper interpretare per mettersi sulla strada della santità e per dare una mano alla costruzione del Regno di Dio. Padre Vincenzo coglie gli uni e le altre con oculata attenzione e ne fa strumento di riflessione. Molto spesso il suo incipit corrisponde a una citazione, a un aforisma di qualche autore o di un film, come per servirsi di qualcuno più "navigato" nella ricerca della saggezza. Ma poi mette il tutto a confronto con l'attualità, con le provocazioni che la vita quotidiana ci pone e spesso ci impone.

Si percepisce inoltre, nello scorrere queste righe, come esse non siano mero esercizio accademico, ma siano passate al vaglio del contatto pastorale, alla verifica del dialogo con la gente concreta e umile: quella che alla saggezza abbina l'esperienza e che trova in questo binomio la forza per andare avanti.

"Ah...beata gioventù" è il titolo di una rubrica curata da padre Vincenzo sulla rivista "In cammino con san Gerardo", dalla quale queste pagine sono tratte. È un titolo che la dice lunga. Sa di rimpianto, per chi ha superato la soglia della giovinezza. Sa di fatica e in qualche modo di rassegnata impotenza, perché niente come il mondo giovanile appare oggi sfuggente a ogni definizione, difficile a capirsi e pur sempre fonte di speranza. Un potenziale grande e doveroso per il futuro del mondo, e pur sempre esposto all'inganno dei miti e alla protervia dei potenti.

Ecco dunque l'opportunità di queste pillole di saggezza. Spero che ci siano dei giovani pronti ad approfittarne. In ogni caso, sono un aiuto nelle mani di adulti e genitori, per scoprire che, in fondo, gli affanni e le preoccupazioni di oggi sono gli stessi di ieri e di sempre. Sono gli affanni e le preoccupazioni di chi ama, di chi vuole trasmettere e a volte non sa cosa. Alla fin fine tutto si riduce all'amore, al Dio che è amore (1Gv 4,16). Il Dio come l'ha annunciato Gesù Cristo, lui che rimane sempre uguale, ieri oggi e sempre (Eb 13,8).

Altre "istruzioni per l'uso" di queste pagine non è il caso di aggiungerne. Sarà chi legge a gustarle e a metterle al servizio del proprio personale cammino verso la saggezza e dunque verso la santità.

padre Serafino Fiore, C.Ss.R.

1 Ah... beata gioventù!

Febbraio 2012

Nel mezzo del cammin di nostra vita... scrive Dante Alighieri parlando dei suoi trentacinque anni. Io, Vincenzo Loiodice, sono ancora ai miei trentatré ed appena all'inizio di un cammino vocazionale iniziato sette anni fa tra i Missionari Redentoristi. Dietro i numeri e i tempi, che a qualcuno sembreranno biblici, ci sono cambiamenti da operare, disponibilità a tutto tondo, una lenta e costante evoluzione... per la missione. C'è da dare forma ad un vaso di creta, speriamo ad una ceramica di Capodimonte! L'ingrediente segreto? Credo sia la capacità di meravigliarsi, che è il germe buono da cui nasce e si sviluppa la vocazione, ossia il sì, totale e incondizionato a Dio. Un sì che deve sapersi tradurre in scelte concrete, perseverate con amorevole costanza. In famiglia puoi fare quello che vuoi, ma credo resti una libertà imbrigliata. La vita comune, invece, libera la libertà, colmandola di possibilità, colorandola di significato, di valore e di valori che danno gioia.

Un giovane religioso resta un giovane con le fragilità del nostro tempo, le ansie e i timori, i sogni e le speranze squisitamente umane. Ad esempio, l'aspettativa di "essere alla moda": personalmente ne riconosco tutta l'attrattiva e non credo sia giusto sottovalutarne l'appeal. Ed allora... la chiave di volta sta nell'imparare con fatica, pazienza e speranza a declinare la sobrietà nella vita, senza perdere il desiderio autentico di svago. Ad esempio, rigettando in ogni caso il lusso. Dietro l'apparente accontentarsi, ci sono delle priorità che, una volta abbracciate intimamente, ti dicono chi veramente sei. Dopo, il cammino è in discesa e il sapore della rinuncia non è amaro. Interrogarsi, non dare nulla per scontato, se necessario discernere comunitariamente le spese da fare, sono tutti strumenti irrinunciabili. Lo confido ai miei coetanei: ci dicono che siamo una "generazione liquida" che prende forma in base al recipiente. Forse è così, ma ogni volta che allineiamo

valori, desideri, libertà, possiamo contraddistinguere la nostra vita di tratti apprezzabili, perché autentici, scelti uno per uno.
In qualche modo, siamo come spighe di grano che devono saper stare insieme, ma ognuna deve saper stare in piedi da sola – è una questione di stile – perché unica e irripetibile, agli occhi di Dio e agli occhi del mondo bisognoso di testimoni e di speranza. Assumere posizioni precise e saperle soprattutto motivare, non è un'impresa da eroi. Si impara. A quatto mesi dal diaconato, alle porte del sacerdozio, posso dire che assumersi crescenti responsabilità può essere destabilizzante. Ma, ragazzi, lasciatevelo dire, soltanto portando si è capaci di dire quanto si è capaci di portare!

2 Il sorriso: che meraviglia!

Marzo 2012

"Fanno così i buoni confessori: quando si accosta un dì, costoro, se l'abbracciano dentro il cuore", dice sant'Alfonso rispetto all'atteggiamento del confessore nei confronti del penitente. Quale immagine più adatta per parlare della tenerezza!
La tenerezza rievoca istantaneamente il calore di un abbraccio, l'accoglienza di gesti inattesi che ci meravigliano. Il nostro fondatore, il fondatore della Congregazione dei Missionari Redentoristi, può ben dirsi "il santo della tenerezza". Per lui l'abbracciare nel cuore si concretizza nell'ascolto paziente e misericordioso, ad un tempo, del padre e del medico.
Da parte mia, quale religioso e diacono vicino al sacerdozio, mi capita di dover consigliare un amico o di ascoltare mille domande sulla fede, nei gruppi di pastorale giovanile. E a chi non è capitato di dover consolare e dare speranza? In questi casi, non ci sono ricette se non la sana spontaneità di ciò che si è e di ciò in cui si crede. Lasciando entrare l'altro nella mia vita, partecipando con autenticità del suo vissuto, interpreto la relazione come

condivisione, con tutta la ricchezza che ne deriva. Poi c'è quella curva, che può sistemare un sacco di cose: il sorriso. Senza dire frasi da "baci perugina", credo che il sorriso faccia parte dell'ABC, dell'accoglienza sincera, dell'empatia e, forse, anche della compassione.

Riflettendoci, penso ci sia un'anatomia della tenerezza che passa anche per gli occhi. Sì! L'umiltà dello sguardo permette di non guardare dall'alto in basso, ma di comprendere mettendo al primo posto la persona e al secondo posto la legge, come eventuale giudizio sugli atti dell'altro.

In verità, siamo dei guaritori feriti. E solo in virtù di questo, possiamo dare ciò che a nostra volta abbiamo ricevuto. Dallo Spirito Santo, naturalmente: maestro silenzioso, ma potente. In fondo, dietro i tanti ostacoli della vita, dietro le difficoltà di un giovane che si sente derubato del futuro, dietro l'adulto che vede messe a repentaglio le certezze che si è costruito nell'arco di una vita e non soltanto per sé ma anche per i propri cari, dietro tutto questo c'è un'unica grande domanda di senso, una necessità di riconciliarsi con la propria storia. In definitiva, un bisogno di saper dare ragione della speranza che è in noi, per dirla con san Pietro.

La richiesta, che non mi sarei mai aspettato, è stata quella di un amico. Ritenevo fosse indifferente verso la fede... Mi sbagliavo! In crisi per la mancanza di lavoro, mi ha chiesto di pregare per lui e con lui. E quest'esperienza, a prima vista un donarsi, si è rivelata per me un ricevere.

Io – Dio – l'altro, costituiscono una circolarità imprescindibile: per conoscere Dio, si passa per l'altro. E questa è la consapevolezza di essere amabili e, quindi, di poter amare. Ed è denominatore comune di ogni sana relazione, anche di quella fra un giovane religioso e un fedele. In tutto questo, la tenerezza non è un lusso, è l'incantevole gioia di vedere, anche nel dolore, lo sforzo del rialzarsi. È l'assistere al miracolo della vita, sapendo che quel sentimento di dolcezza e affetto è possibile, perché ci si incontra in Cristo, carità incarnata. Per me, dunque, è un saper esserci!

3 Prima sbadiglio e poi… mi sveglio?!

Aprile 2012

Risveglio naturale, risveglio con caffè a letto, risveglio con l'odiosa sveglia, risveglio con una secchiata d'acqua in faccia. E chi più ne ha più ne metta! A te la scelta! Ciò che conta è il desiderio di svegliarsi.

E ancora: il corridore è vicino al traguardo, sente già gli applausi, è stanco ma continua a correre e… vince grazie al colpo di reni, ad un surplus di forza che neanche lui sa da dove viene. È questa la fatica di rialzarsi sempre, di ricominciare nonostante tutto.

Credo ci sia un ritmo veglia-sonno, anche in senso esistenziale e spirituale, non solo biologico. Possono venirci in mente tante esperienze relazionali fatte di alti e bassi, nelle quali l'alto si chiama gioia e consapevolezza e il basso si chiama crisi. Perché no!? Anche economica!

La parola "crisi" significa cambiamento, scelta. Invece, la prima cosa che viene in mente è che si tratta di una spada di Damocle che ci pende sulla testa. E, allora, a noi spetta reagire! Possiamo chiedere aiuto o addirittura ironizzare. Il primo passo è proprio leggere la parola "crisi", ormai logora e abusata, in chiave positiva. Perché, in fin dei conti, quello che ci tiene in vita è la misura del cambiamento, la distanza fra essere e poter essere.

Questa distanza è la chiarezza di sapere dove sono e dove voglio arrivare. È una tensione che ci sembra invisibile, forse scontata. Ma ci tiene in vita. Permette di sentirci vivi. Permette di generare sogni e inseguirli. Non è il gatto che si morde la coda o, peggio, un modo per iniettare rassegnazione nella nostra vita, ma il vivere la vita come ricerca di senso e di significato. Un singolarissimo significato, così esclusivo che solo noi possiamo dare. Anche il giorno che può sembrarci essersi ripetuto uguale a quello precedente, in realtà nasconde un tesoro grande che deve solo essere scoperto.

Dunque, come uscire dalle nostre crisi e risvegliarci senza paura che il sole ci abbagli? Beh vivendole, fino in fondo. Bevendo a questo calice, senza paura, perché ha tanto da insegnarci.
Gesù, uno che la sa lunga, ha detto: la verità vi farà liberi. In fondo, è la libertà che permette di scegliere come vivere le difficoltà. Magari in maniera inedita. Tanto da non piegarci davanti agli ostacoli. Ma scegliendo di saltare. Perché liberi sempre!
Dove attingere questa forza? Non stanchiamoci mai di ripetercelo: da Dio. E dalla sua Parola che ci dice sempre qualcosa di nuovo. San Paolo ci ricorda che l'amore di Dio è stato riversato abbondantemente nei nostri cuori. Forse è questo che dobbiamo risvegliare, per risvegliarci.
Cercando la speranza nei luoghi dove si fa trovare: in quel luogo-persona che è Dio, provvidente per definizione!
Quella sveglietta può essere tediosa, ma è quell'aiuto che viene da fuori, per ricordarci che non si può fare tutto da soli. L'uomo è spirito in relazione, capace di scoprire che, donandosi, si riceve inaspettatamente tanto, col sapore della gratuità che spiazza.
Pertanto, buon giorno a questo giorno che si sveglia oggi con me, come cantava Luciano Pavarotti. Potrebbe essere un'idea sostitutiva alla nostra famigerata insopportabile vecchia sveglia!

4 La mia meta: l'equilibrio

Maggio 2012

"Ed ecco ce ne andiamo come siamo venuti, arrivederci fratello mare, mi porto un po' della tua ghiaia, un po' del tuo sole azzurro, un po' della tua infinità, e un pochino della tua luce e della tua infelicità". Nelle sue poesie dall'esilio, Nazim Hikmet racconta quanto è difficile dire arrivederci ai nostri

sogni, alle nostre legittime aspettative e attese. L'esilio, in fondo, è l'esatta metafora di una speranza in lista d'attesa!
E, ancora, col salmista potremmo dire: "Se guardo il tuo cielo, opera delle tue dita, la luna e le stelle che tu hai fissate, che cosa è l'uomo perché te ne ricordi e il figlio dell'uomo perché te ne curi? Eppure l'hai fatto poco meno degli angeli". L'uomo è sì angelico, sì divino, ma anche fragile, una creatura appunto. E così anche le più belle aspettative possono restare tali, se ci sono ostacoli da saltare affinché il sogno diventi realtà. Poi, bisogna fare i conti col fattore tempo. E più vogliamo tutto e subito, più ci rendiamo conto che difficilmente è possibile.
Oggi sono in lista d'attesa i precari nel lavoro, i carcerati, gli ammalati, i fidanzati... In fondo, ognuno di noi, attende, sogna, spera. Ed io credo si possa imparare tanto nel tempo dell'attesa. Non ci sono ricette, ma forse la pazienza, l'umiltà e una buona tempra aiutano. Penso ci sia una sana pedagogia dell'attesa, che può anche rafforzare la speranza. È il desiderio che rende ricchi i nostri sogni più belli.
Certo, c'è anche il timore di doverli accantonare questi desideri e questo... quanto fa male! Ma se conserviamo tanti oggetti, solo perché un giorno potranno servirci, tanto più vale la pena farlo con le nostre attese. Delle quali l'altro nome è speranza. L'atteggiamento di fondo, il dinamismo fantastico con cui elaboriamo il nostro futuro, è la speranza. Dunque sogno e speranza si identificano, diventando sinonimi. Non possiamo realizzare subito il nostro sogno? Che cosa resta, dunque? Resta la speranza. Non in senso fatalistico ("chissà", "forse", "staremo a vedere"...), ma rispetto al tenere tesa la fune che ci lega ai nostri sogni, sapendo anche che, quando li raggiungeremo, quella fune ci legherà a nuove aspettative. Siamo costruttori di sogni!
Al giro di boa del mio cammino verso il sacerdozio, direi che le mie speranze in lista d'attesa riguardano il passare dalle parole ai fatti. Tanti anni di studio possono generare un corto circuito, non solo per i miei neuroni ormai logori (!!!), ma anche per il bisogno di fare (e non solo di teorizzare) della mia vita

un dono in Cristo nella Chiesa per l'annunzio del Vangelo. Dietro i nostri sogni credo ci sia una forte ricerca di senso e di felicità da coniugare al meglio. La nostra meta è l'equilibrio e la sua ricerca. Per me l'equilibrio si chiama assimilazione a Cristo. Come realizzarlo? Con la fede, certamente, e non solo! Anche grazie a tutti coloro che Lui mette sul mio cammino, a cominciare dalla grande famiglia redentorista, che include tantissimi di voi. Voi che avete abbracciato nel cuore lo spirito semplice e forte di sant'Alfonso, che ha sempre avuto chiara la priorità da dare alle sue speranze!

5 Di generazione in generazione, di violenza in violenza?

Giugno 2012

"Folleggiammo alquanto con altri viaggiatori della notte, da autentici sbarazzini della strada. Poi, decidemmo che era ora di eseguire il numero visita a sorpresa: un po' di vita, qualche risata ed una scorpacciata di ultraviolenza". L'avete riconosciuta? È un citazione da "Arancia Meccanica", il film del 1971 di Stanley Kubrick tuttora ritenuto simbolico della rappresentazione dell'aggressività gratuita. Ma che cosa rende l'aggressività legittima?

Riflettiamoci, facendo un passo indietro: in fondo, ci dice la psicologia, è grazie all'aggressività se abbiamo la giusta dose di grinta utile a superare quelli che percepiamo come ostacoli nella nostra vita. Ma non basta certo questo a legittimarla! E ci chiediamo: quali responsabilità hanno le generazioni precedenti, se lo stile di comunicazione scade repentino in una sorta di efferatezza? Dove si è sbagliato? Dove sono finiti il *savoir faire*, l'arte della diplomazia e quella della persuasione?

Oltre la cinica delizia mediatica di poter dare la notizia del padrone che ha morso il cane, saper leggere la realtà che ci circonda con le sue mille contraddizioni è difficile. Tuttavia, senza per questo sminuirne la complessità, è importante cercarne un filo rosso.

L'aggressività non è mai diminuita nella Storia, ha solo trovato nuove forme, perché è l'uomo che ha trovato nuovi stili di vita, adattandosi alla realtà ed al suo continuo mutare. Certo, l'aggressione è mutata: oggi ancor più è diventata mediatica, perché serve a dare colore a tanti format che hanno l'obiettivo di intrattenere i telespettatori.

E ancora: internet stesso, osannato in quanto luogo della democrazia per antonomasia, dove tutti possono "accedere e dire la loro", diventa possibilità di aggredire chi la pensa diversamente. Oggi fa scandalo una donna che riceve continue aggressioni dal marito; in passato, invece, il pensiero comune relegava la donna in una sudditanza senza appello.

Per quanto le generazioni siano indissolubilmente legate fra loro e determinati atteggiamenti si apprendano prevalentemente in casa, in una incessante consegna di valori e disvalori... viaggiando fra le generazioni a ritroso nel tempo, la tendenza aggressiva non è frutto soltanto di questa famigerata eredità. È, anche, la conseguenza di un cattivo stile diffuso, che porta con sé la contraddizione di una aggressività in aumento e di una maggiore indignazione e possibilità di denunciare.

Non credo sia cambiata la natura profonda del nostro agire, ma la portata in termini di responsabilità, questo sì. I media ci aiutano a prendere maggiore coscienza dell'aumento dell'aggressività, ponendo nel contempo un'importante riflessione sulla integrità e sulla dignità umana, facendoci additare senza remore quelle azioni che ledono la vita.

Per l'attuale generazione di educatori il peso non è indifferente, nella consapevolezza che le nostre azioni di oggi hanno una ricaduta e lasciano senza dubbio una traccia in quelle future.

È il caro prezzo della libertà, che non sempre ci fa ripetere, come Alex, il protagonista di "Arancia Meccanica": *"Io voglio essere buono. Voglio essere, per il resto della mia vita, solamente un atto di bontà".*

6 Nonno... sei connesso?

Luglio 2012

"Cerco di aprirti la mente, Neo, ma posso solo indicarti la soglia. Sei tu quello che la deve attraversare" Questa celebre frase del film *Matrix*, ci ha entusiasmato con il suo futurismo cibernetico, accompagnandoci in un mondo puramente virtuale. Tuttavia, guardiamoci intorno e facciamo un passo indietro... Chi è nato prima degli anni '80 fa un po' fatica a decifrare termini come: *multitasking*, *wi-fi*, *joystick*... Forse, dovremmo parlare di emarginazione delle generazioni adulte, causata da un significativo divario digitale e culturale. In verità, internet e le nuove tecnologie stanno modellando, e rimodelleranno nei prossimi anni, la nostra percezione del mondo. Su questa strada c'è chi corre, chi è fermo e chi resta sul ciglio, inevitabilmente bollato di "analfabetismo digitale".

Corridori esperti sono i giovani che vivono la "cultura del *Real Time*", dove il tempo viene percepito solo nell'attimo in cui l'esperienza viene vissuta: anche le relazioni si digitalizzano e i *social network* diventano le nuove piazze (...virtuali!!!). Senza dubbio è questa una nuova cultura di vita con cui confrontarsi, prendere confidenza e magari anche da adottare, buttando giù il muro dell'analfabetismo tecnologico, perché no... con l'aiuto delle esperte giovani generazioni. Una rivoluzione, dunque, nella quale al posto del classico maestro saggio, canuto e claudicante, subentra una vivace ragazzina, che non ha la pipa, ma un'economica e popolare gomma da masticare.

In questo tempo nel quale la ricerca di interessi comuni per rinsaldare i rapporti intergenerazionali è pane quotidiano, il superamento di questo divario diventa un'occasione imperdibile. Le nuove tecnologie sono spesso demonizzate, tacciate di soggettivismo, ritenute foriere di psicopatologie e dipendenze. Certo... l'uso corretto e responsabile è fondamentale per evitare i rischi da overdose, ma possiamo cogliere una grande opportunità: la

tecnologia digitale genera nuove competenze, manualità e comportamenti, arricchisce le potenzialità e la creatività e valorizza ulteriormente le opportunità di nuove conoscenze e, in generale, di dialogo.
In definitiva, a beneficiarne è comunque la relazione con i suoi tratti tipicamente umani quali l'attesa, il tempo, il silenzio, la pausa, lo sguardo, il contatto faccia a faccia, la frontalità dell'incontro interpersonale diretto e il suo specifico calore emotivo, pur con tutte le difficoltà di viverlo. C'è solo da innescare un meccanismo virtuoso, in cui nessuno è così povero da non poter dare nulla. E da non poter regalare ai nostri genitori e, soprattutto, ai nostri nonni, la disponibilità del proprio tempo e della propria capacità di ascolto per, ad esempio, invitarli davanti al PC a scaricare insieme un video da youtube.
Dunque cari giovani, fermiamoci un attimo e riflettiamo: ciò che siamo lo dobbiamo a chi ci ha preceduto e a chi ci ha accompagnato pazientemente. Adesso è il momento, l'occasione propizia per ricambiare! Senza citare il "vecchio" catechismo, che ci invita alle opere di misericordia spirituale, e fra queste l'aiuto ai dubbiosi, sia spontaneo e profondo quel sentimento di riconoscenza che ci lega ai nostri maestri. Oppure temiamo che col computer diventino più bravi di noi?!

7 Non lasciate che... decidano per voi!

Settembre 2012

"La gloria di Dio è l'uomo felice", amava ripetere Sant'Alfonso. Tuttavia, lo sappiamo, la felicità è anche frutto dell'impegno. I giovani di oggi, sono accusati di non saper rispettare gli impegni presi. E... un po' è vero! Basta guardare l'alto numero di divorzi e... il basso numero di consacrati e sacerdoti! Forse hanno ragione i filosofi che parlano di "pensiero debole", di "società liquida" perché assume la forma di dove è posta.

È questo il punto: a volte non mi colloco precisamente, non faccio delle scelte ferme e decise, ma lascio che siano gli altri a scegliere per me. La conseguenza? A furia di dire "Non ho voglia!", alla lunga ne risente la struttura della mia personalità, perché resto nel limbo, non so scegliere e tenere testa agli impegni presi.
Dire impegno è dire maturità, valori e, sotto sotto, fedeltà, a sé stessi, alla parola data e agli altri. Chi riesce a desiderare il meglio per sé e per chi ama, produce una forza grande che si traduce in impegno, ossia in capacità di sacrificarsi. Penso alle notti in bianco di tante mamme e di tanti papà per i loro piccoli, all'amore che diventa il motore, la leva capace di sollevare il mondo. Non sono romanticherie, ma scelte e desideri che hanno un prezzo, come ogni cosa che vale.
I valori sottostanti non piovono dal cielo, come fossero frutto di una razionalità disincarnata, ma sono esperienze, errori e testimonianze. A cominciare da quelle vissute da molto vicino, in famiglia: queste esperienze si impastano nel nostro DNA, non perché siamo dei replicanti, ma perché cogliere la passione e la dedizione delle persone a noi care, vale più di mille parole. Possiamo disattendere le aspettative degli adulti, ma qualunque cosa facciamo, la facciamo con quella diligenza che abbiamo imparato da loro.
Nella mia esperienza tutto questo si chiama "vocazione", ossia ardore per qualcosa che mi prende anima e corpo. Appartenenza che mi fa dire di sì, instancabilmente. Gioia e speranza che relativizza i pesi. Per quanto mi riguarda, l'incontro con Dio mi ha dato questa forza. E più le nostre motivazioni si poggiano su questa roccia, o su rocce che riconducono a Lui, all'Amore Incarnato, più ci sentiremo stimolati a vivere, a curare più interessi, a donare con gratuità. La svogliatezza ed il disinteresse possono prendere il sopravvento, proprio perché manca quel clima giusto che a volte può essere difficile da ricreare, ma fa in ogni caso la differenza.
A pochi mesi dal sacerdozio, posso affermare che poter annunciare quanto è grande la redenzione presso Dio, anche attraverso il sacramento della

riconciliazione, significa assistere alla speranza che fiorisce, al vedere come Cristo scende davvero negli inferi per far risorgere con Lui chiunque lo voglia. È un po' come essere in sala parto: come redentoristi, come sacerdoti, assistiamo alla vita che (ri) nasce. Dio non abbandona nessuno, anzi corre verso chi è solo, ma… ha anche bisogno della nostra sollecitudine!

8 Non mi muovo da qui

Ottobre 2012

"La legge è uguale per tutti. Basta essere raccomandati!" (Marcello Marchesi). Non c'è termine più chiaro ed evocativo di "giustizia" ma, chissà come, è l'applicazione che è equivoca! Come tutti i valori, anche la giustizia porta con sé la ricerca del bene, dell'equità e dell'uguaglianza. Alcune volte, però, diventa un discorso a nostro uso e consumo, in quanto invochiamo la libertà per dimostrare che è impossibile pensare al bene di tutti. Dunque, penso al mio bene ed è qui che la giustizia si dissolve, evapora, è schiacciata. Ciò che è giusto non dovrebbe essere sotto gli occhi di tutti? E qui, il nostro buon Sant'Alfonso diverrebbe logorroico, parlandoci di quell'organo di senso che è la coscienza!!!

Non ho voluminose cronache personali di battaglie per la giustizia da raccontare, ciò nonostante mi rendo conto che, a volte, è facile entusiasmarsi per cause che non lo meritano. Ricordo banalmente come l'essere coinvolto in scioperi scolastici, a ben guardare, fosse frutto solo della strumentalizzazione di pochi! Oppure, restando nell'ambito scolastico, rammento contestazioni nei confronti di insegnanti poco equi, schiavi di amicizie alle quali non si può dire di no, che elargivano a piene mani sufficienze per interrogazioni, compiti e poi promozioni. Una volta, al mio "Non ci sto!", seguì l'invito a lasciare l'aula e la mia replica fu: "Non mi muovo da qui!".

Aneddoti e orgoglio a parte, credo che l'esigenza di battersi per una causa giusta debba partire da noi stessi, da un'esigenza interiore di ordine, di bene, di dono. Se so solo puntare il dito, quest'ultimo diventa un'arma che, anche se usata a buon diritto, resta un'arma.

Nondimeno, la conflittualità, la diversità e l'egoismo sono elementi che rendono precario l'equilibrio della giustizia, perché su quella bilancia vanno comunque messe la compassione, la misericordia, l'accorgermi dell'altro, del mondo.

Solo se sono realmente interconnesso con il tempo, con la storia, posso farmi carico responsabilmente delle mie azioni, sapendo che, queste, anche indirettamente, avranno una ripercussione sugli altri.

A realizzare la giustizia è anche la soggettività di una coscienza in grado di riconoscerla. E la Chiesa e la nostra fede guardano a Cristo, giudice misericordioso, che dona se stesso, per ristabilire la giustizia e la pace, e guardano ai martiri, insigni testimoni, non di un trionfalismo vittimistico, ma di un'offerta viva.

Tutto ciò, in definitiva, deve avere una ripercussione pratica, nella vita reale. Non c'è campo delicato come la giustizia, dove un privilegio facilmente è annoverato fra i diritti acquisiti e, invece, rappresenta un'eccedenza di favoritismo.

Al contrario, non dobbiamo mai avere dubbi a rivendicare ciò che ci spetta ("non mi muovo da qui!"), ma soprattutto dobbiamo avere il coraggio di schierarci con quelli che non hanno i mezzi per rivendicare i propri diritti.

Dunque, inamovibili perché liberi!

9 Il prete? Un alieno del tutto normale

Novembre 2012

"La natura ha delle perfezioni per dimostrare che essa è l'immagine di Dio e ha dei difetti per mostrare che ne è solo un'immagine" (Blaise Pascal).

Il fatto che il mondo della pubblicità peschi spesso nell'universo Chiesa per vendere un caffè o un capo d'abbigliamento, ci dice di quanti pregiudizi, da una parte, e di quante legittime aspettative, dall'altra, si mescolino tra loro generando tifoserie pro o contro la Chiesa. Se da un lato sant'Agostino dice già nel IV secolo che la chiesa è santa e peccatrice, dall'altro lato il Vangelo lancia invettive a chi crea scandalo. Forse la verità sta nel fatto che, a fronte di tempi moderni che tendono ad accentuare le distanze tra la gente e la Chiesa, abbiamo bisogno più di testimoni che di maestri. Come portare il Vangelo, dunque? Offrendo con la vita ragioni di speranza attraverso l'annuncio credibile del Vangelo! Il testimone è uno che ha visto e non può tacere, anzi quanto più si vuole che taccia, tanto più alza la voce con forza. Il testimone non è un eroe senza macchia, ma un cercatore di Dio che comunica la propria esperienza.

Non è con gli scontri o con i toni polemici che si sbarca sul "pianeta giovani". Nella mia esperienza si tratta innanzitutto di essere davvero se stessi, comunicando che il sacerdote non è un alieno: per quanto non ci si creda, è un essere normale. La differenza, la straordinarietà, sta nell'opera meravigliosa dello Spirito che l'ha sconvolto fino a fargli scegliere di dare tutto se stesso al servizio del Vangelo.

La credibilità è prima umana e poi spirituale, ed è quella che permette ci si affidi con fiducia per l'educazione dei propri figli agli "alieni" di cui sopra. Perché? Perché è ricchezza della Chiesa saper ribadire che vicini a Cristo si diventa più uomini.

Prima della dottrina c'è un universo di valori umani da comunicare perché questa è una legittima pretesa di ogni genitore che si affida alla Chiesa, agli

uomini di Chiesa, ai sacerdoti, ai quali è dato, attraverso l'evangelizzazione, il compito di educare alla vita buona del Vangelo.
Sorprendentemente la stessa maturità umana e valoriale è forza ma anche debolezza: dove manca si sente, fino a trasformarsi in forza repulsiva, che crea scandalo, allontana, distrugge più che costruire. Che fare? Sgombrare baracca e burattini? No! Torniamo a Cristo, al suo mandato e alla sua Parola: "È quando sono debole che sono forte". E Dio solo sa se lo sono!
Pertanto, che cosa può salvarmi? L'ascolto audacemente onesto di me stesso! Siamo uomini in cammino e dunque consapevoli di seguire nell'umiltà le tracce di Cristo. E ancora, l'ascolto dei segni dei tempi, per non aggiungere, semmai togliere pesi, agli allontanati - abbandonati, cercando di parlare il loro linguaggio e leggendo anche fra le righe le aspettative non dette.
Come nel sacramento della penitenza, per una buona confessione servono un attento esame di coscienza, il pentimento e l'impegno sincero di non cadere nuovamente nello stesso errore. Forse con questo metodo, applicato all'evangelizzazione, è possibile che la pecorella non diventi né smarrita, né tantomeno respinta, seguitando in tal modo l'opera del nostro padre sant'Alfonso che ci invia *"ai più destituiti di soccorsi spirituali"*.

10 Le relazioni a misura di spread

Dicembre 2012

L'uomo può essere definito il "dio fragile", perché mille contraddizioni lo attanagliano. Questo lo rende tremendo ed affascinante ad un tempo. Troppi "ti amerò per sempre" durano il tempo dei confetti di un matrimonio. Dunque, quest'affettività è destinata ad essere come lo spread, instabile e imprevedibile? Come prendere in mano le redini del nostro cuore ed evitare l'evangelica sclerocardia?

"Uomo, conosci te stesso, e conoscerai l'universo e gli Dei", così esortava un motto greco iscritto sul tempio dell'Oracolo di Delfi. Siamo fatti di cuore e di mente. Spesso ci fermiamo alle emozioni con tutta l'istintività fluttuante che abbiamo, ma è la dose di ragione che rende da Gambero Rosso il piatto della nostra affettività. A perdere è la nostra libertà imbrigliata e la nostra felicità arrancante. Andare non solo d'accordo, ma avere altresì un saldo rapporto con l'altro, questo sì che è un buon indice di equilibrio interiore, la caparra di una sana affettività. La ricetta? Semplicità, valori, accoglienza, il tutto condito con tanta umiltà.
L'altro, in fondo, è sempre una minaccia per me, con la sua diversità di vedute pronto a toccare quelle invisibili ferite, che dicono tutta la mia fragilità. Allora è meglio allontanarlo, passare oltre, far entrare chi mi apprezza davvero. Ma è un gioco a tempo e la cosa più triste è che, al termine del conto alla rovescia, finisce il rapporto, mi copro ben bene di vittimismo e... avanti così, senza conoscermi, fare esperienza di me e lasciare entrare l'altro nella mia vita senza temerlo.
Ci possono essere mille conflitti, ma saremo più felici anche noi se via via impareremo a sentire gli altri parte di noi, perché familiari di sangue, perché fratelli in Cristo, perché uomini, universi in miniatura, fatti di spirito e di vita e degni di ogni rispetto.
Abbiamo una storia e delle radici. Anzi, siamo alberi fatti di radici, di un tronco, di rami e di frutti. Tutto sta nell'accettare i frutti della nostra storia personale. I nostri atteggiamenti e le nostre espressioni in ogni caso ci appartengono e, se sapremo guardarli, guariremo la nostra affettività; per quanto sgarrupati, fanno parte di noi e più sappiamo chiamarli per nome, più ci riconcilieremo con noi stessi.
La nostra famigerata precarietà sentimentale sarà sotto controllo se vorremo guardarla negli occhi senza inorridire. La nostra libertà si accompagna sempre con la nostra responsabilità: camminano a braccetto.

Non c'è più forte di un debole che sa di esserlo ed allora dosa la forza, il vigore, lo slancio per amare e accogliere senza misura tutti e sempre.
L'amore non è dipendenza, ma dono che ci fa vivere. Solo se viviamo nel modo giusto l'uno con l'altro e l'uno per l'altro, la libertà può svilupparsi. Se noi viviamo contro l'amore e contro la verità – quindi contro Dio - allora ci distruggiamo a vicenda e distruggiamo il mondo. *"L'esperienza o è esperienza dell'Amore o non è"* (Luigi Giussani).

11 L'investimento che non fallisce mai

Gennaio 2013

"La bontà è l'unico investimento che non fallisce mai". (Henry David Thoreau).
Siamo come dei trivellatori, non alla ricerca di petrolio, ma di senso. Eh sì, perché ditemi voi se si può fare qualcosa di ricco e di bello senza una meta!!! Così è per chi si dona e si ridona ogni giorno, in modo sempre nuovo, creativo, non foss'altro per l'impegno che ci mette. Ecco, dunque, la solidarietà, ossia l'essere corresponsabile - in solido - per l'onere di un altro, dove l'altro è mio fratello.
Ma ne vale la pena? Mai come in questo caso dovrebbero parlare i tanti personaggi silenziosi, quegli eserciti senz'armi che fanno del volontariato il colore che fa la vita degna di essere vissuta. In primis, vicinissimi a noi, ci sono i volontari del Santuario di San Gerardo che accolgono i pellegrini sott'acqua e sotto vento. Ed in tantissimi casi, se ci non ci fosse il volontariato, ci sarebbe un vuoto, una mano tesa vanamente in attesa. In un'epoca in cui tutto si può comprare, ci sono cose che davvero non hanno prezzo, o forse ce l'hanno ma è inestimabile: il sorriso che esprime la gratitudine di chi riceve un aiuto inatteso, è la quintessenza della felicità. Grazie: una parola che da sola riempie l'universo, che colma ogni vuoto. E,

poi, ancora più su, c'è la gratuità che, slegata da ogni riconoscenza, ci muove al bene semplicemente perché è bene.

Certo l'istinto di autoconservazione, che chiamiamo anche egoismo, ci blocca, facendo mettere noi stessi al centro del mondo, di tutto. Non riusciamo a vederci, ma penso che l'egoismo ci faccia assomigliare a delle macchine tritarifiuti, che fagocitano tutto, insaziabilmente e infelicemente. Se invece, il centro è fuori di me, la libertà sopravanza, sono in cima alla vetta più alta della mia vita, godo di panorami sublimi: per quanto piccolo possa essere, se metto a diposizione ciò che sono, sarò un canale di trasmissione che permette ad un altro di vivere, gioirò perché l'altro gioirà.

Nessuno è così povero da non poter donare un sorriso, recita una nota preghiera. Ebbene, si apra la caccia al tesoro, beata gioventù: il tesoro sei tu! Scoprilo e donalo, è una ricchezza che non si esaurisce; come nel miracolo della moltiplicazione dei pani, cresce nella frazione, nello spezzarsi.

Azzarderei che il donarsi è un'esperienza mistica: non va detta, va vissuta. Tutti la viviamo e tutti sappiamo che c'è tanto spazio per accrescerla, ripeterla, reinventarla.

Il donarsi è un'alchimia fatta di vita vera, superiore ad ogni intrattenimento fatto essenzialmente di consumo di energie, tempo e risorse senza un perché carico di senso, bellezza e profondità. Per dirla con James Joyce: Mentre tu hai una cosa, questa può esserti tolta. Ma quando tu la dai, ecco, l'hai data. Nessun ladro te la può rubare. E allora è tua per sempre.

12 Una sfida da affrontare

Febbraio 2013

"Nel mio mondo, la parola compromesso è sinonimo di vita. E dove c'è vita ci sono compromessi. Il contrario di compromesso non è integrità e nemmeno idealismo e nemmeno determinazione o devozione. Il contrario di compromesso è fanatismo, morte" (Amos Oz).

Non sempre compromesso è sinonimo di male, se rientra nella lotta per realizzare i propri sogni. Alcuni dicono che sognare non costa nulla. Io credo piuttosto il contrario, perché quando si osa c'è sempre un costo da pagare! È come cercare aria sempre più pura, incamminandosi verso l'alta montagna. E se siamo a valle? Inevitabilmente continuiamo a respirare, cercando con difficoltà la strada verso l'alta montagna. È, questa, un po' l'immagine della nostra vita, dei nostri sogni, della nostra vocazione da discernere continuamente.

Sorge spontaneo un quesito (da un milione di dollari!): oggi i futuri uomini di Chiesa sono forse gli unici giovani a poter permettersi di seguire la propria vocazione nella scelta del *lavoro*, diversamente da tanti altri che vanno incontro a precarietà, emigrazioni forzate e infiniti compromessi e delusioni? Risponderei subito di sì, per invitare capziosamente i giovani a farsi subito preti e suore, senza troppe remore!

Ma procediamo con ordine. C'è prima una vocazione da scoprire, come dono di Dio personalissimo e non delegabile: una promessa di felicità, la cui accettazione ci rende collaboratori del *grande Capo*, che promette ai suoi discepoli gioie assieme a persecuzioni. E se il discernimento sembra arduo, tranquilli... lo è anche la sua realizzazione. Dunque la felicità non è mai a buon mercato, ciò che vale ha sempre un prezzo. Nel caso della vocazione, parleremmo del prezzo di quello che, purtroppo, negli ultimi tempi è diventato un *prodotto* di nicchia per estimatori.

Pertanto, che cosa fare quando ci sentiamo ostacolati nel perseguire la nostra vocazione? Ci fermiamo ad inveire contro il sistema politico-economico, che certo è lontano dalla giustizia? *Gettiamo così il bambino e l'acqua sporca*?

Piuttosto, per non appendere al chiodo le nostre legittime aspirazioni, pensiamo se c'è qualcosa che possiamo ancora fare o che non abbiamo ancora fatto. Per quanta poca luce possa esserci attorno a noi, i rimpianti e le nostalgie non sono altro che il voltare le spalle alla speranza, sia essa anche ridotta al lumicino.

Da chi compie un autentico cammino di ricerca di Dio e della sua volontà, verso la consacrazione totale, forse è possibile apprendere uno stile di essenzialità, nella ricerca della felicità. E, cioè, che i modi nei quali declinare la vocazione che si ritiene di possedere, vanno ricercati scoprendoli giorno dopo giorno senza per niente chiudere i propri orizzonti.

L'emblema resta l'albero della croce: in tutto oggettivamente dice morte, eppure, proprio in quel non essere, il Padre riafferma la forza della vita eterna, del crocifisso risorto. Questa realtà, così carica di mistero, non è lontana da noi, anzi la viviamo ogni volta che, con difficoltà, teniamo in vita i nostri sogni, perché ne vediamo tutta la legittimità, perché i nostri sogni tengono in vita noi. Solo così, accettando la sfida che ci pone la nostra vocazione, possiamo ben dire: ne vale la pena!

13 RuUUUggisci un po'!

Marzo 2013

Il leone: "Che cos'è che di un misero fa un re? Il coraggio! Chi rende ardita l'umile mosca nella foschia fosca nella notte losca... e fa sì che un moscerino la paura mai conosca? Perché l'esploratore non teme l'avventura? Perché ha coraggio! Perché quando è in pericolo non prova mai paura? Perché ha

coraggio! Il coraggio! Perché Riccardo Cuor di Leone metteva i suoi nemici in apprensione? Che cosa aveva lui che io non ho?". Dorothy, Spaventapasseri e Uomo di latta: Il coraggio! (dialogo tratto da *Il mago di Oz*).
Sarebbe un simpatico gioco quello di chiederci in quale di questi personaggi de "Il mago di Oz" noi giovani ci identifichiamo! Forse scopriremmo che, se anche non ruggiamo, non significa che non siamo dei leoni. Chissà, poi, se anche i leoni si ammalano di raucedine! Noi sicuramente sì e non solo di quella fisica, ma anche di quella spirituale, quando subiamo piccole sconfitte e ci scopriamo fallibili. Allora ci sentiamo cadere il mondo addosso, sentiamo che non vale più la pena lottare e sacrificarsi. Di investimenti fallimentari ne vediamo già troppi in giro!
Come la faccia illuminata della Luna non sempre è rivolta anche verso la Terra, così anche noi non sempre abbiamo la consapevolezza di riconoscerci fallibili. C'è quella parte buia in noi che ci fa paura, ci fa soffrire, ci inchioda e non ci consente di rialzarci. E, soprattutto, che semplicisticamente vorremmo non ci fosse.
E se, invece, imparassimo a crescere grazie alle sconfitte? Bello a dirsi, ma a farsi? La leva che solleva il nostro piccolo e fragile mondo è il coraggio della verità, di essere quello che si è e non una proiezione topica e idealista. Certo, serve lungimiranza, umiltà, forse anche saggezza per prendere le sconfitte per quelle che sono, senza tuttavia identificarsi con esse. Altrimenti, le ergeremmo ad esperienze fondanti della nostra personalità: nulla di più deleterio!
Diversamente, un'adeguata distanza fra noi e l'insuccesso, ci consente di avere lucidità per comprendere che la forza non sta nel non cadere, ma nel rialzarsi rapidamente. Nel risorgere!
La cosa più semplice da fare è chiudersi nel vittimismo, rifiutando la legge della gradualità per la legge del tutto e subito, quella che genera l'aggressività del calpestare l'altro, l'affermazione egoistica e, in ultima analisi, l'infelicità.

La resurrezione è atto di Dio Padre, ma anche atto del Figlio, ed è dinamismo: la morte va solo attraversata, diventa paradossalmente imprescindibile per andare verso quel rialzarsi che è il significato letterale di risorgere.
Grinta dunque sogno, senso e aspettative, certo assieme a tanta volontà, per esperire speranza! Dunque caro leone, intanto ricordati di essere tale. Fai qualche vocalizzo, ruggisci alla vita, riconosci il coraggio che è già in te, impastalo con un po' di adrenalina, aggiungi fede a volontà e non dimenticare l'ingrediente segreto: l'irripetibile alchimia dei tuoi doni!

14 Va dove ti porta il cuore ma... vacci armato!

Maggio 2013

Ho trentacinque anni e questa è l'età in cui, se non sei già sposato, e a meno che tu non sia un sacerdote, dovresti desiderare più di ogni altra cosa di metter su famiglia. Armato di buoni sentimenti e di ottime intenzioni, s'intende! Viceversa, dall' "uomo che non deve chiedere mai" alla "donna nerd" (che esprime anche fermezza e durezza) l'orizzonte nel quale i giovani sembrano muoversi è di una esasperata autonomia.
E l'amore? Che lo ammettiamo o no, siamo tutti fatti per amare ed essere amati. E, dunque, dove ci porta questo famigerato cuore? Penso un po' fuori, se seguiamo solo il cuore. Tuttavia, sarà diverso se seguiamo mente e cuore. Avete già sperimentato questo fatale binomio? Se lo avete già fatto, sapete che ci fa schizzare in alto, oltre la mera emozionalità, per accordare la sana progettualità con tutta la passionalità che ne è il motore! E che motore!
In questo senso, la famiglia davvero fa sintesi di mente e cuore, di valori e di progetti di chi è intenzionato a crescere con e per l'altro. Per dirla con una immagine, l'amore è come dell'acqua che con grande potenza sgorga, scorre e tocca tutti coloro che si lasciano bagnare (e magari vi si immergono!!!).

L'amore progettuale, che naturalmente sfocia nella famiglia, è dunque proprio il non lasciare che quest'acqua vada dove vuole, dove sente di andare. È, viceversa, il saperla incanalare perché irrighi anche i campi più lontani della nostra esistenza: ecco il "per sempre" che tanto ci spaventa, ma che ci garantisce di non restare a secco, all'improvviso e quasi senza un perché.
La famiglia è vincolo, contratto? Anche! Ma è pure scelta di vita, sapendo che ciò che conta non dura un istante, ma diventa una base solida, le fondamenta sulle quali costruire con il Dio provvidente e sempre vicino!
Le altre forme di convivenza vanno rispettate e comprese nella loro complessità di legittimi desideri e aspirazioni, ma sono un po' come dire: "guarda, andiamo a vivere insieme, potremo condividere tutto, davvero tutto, dagli spazi all'abbigliamento, ma attenzione, il dono totale di tutto me stesso, beh quello no, quindi se domani mattina, non mi trovi più qui, sta sereno, è solo finita!" Ecco che fa capolino il cuore armato, che più che donarsi si difende, che più che progettare ritiene che da soli ci siano meno rogne, privandosi però della vista mozzafiato al termine della scalata. E farsela raccontare non è la stessa cosa! Il vero cioccolato è quello fondente, i surrogati sono un piccolo ripiego per tempi di magra!
Senza toglier nulla alla libertà, alle sane intenzioni della coscienza e ai condizionamenti sociali ed economici che rinviano le scelte vocazionali rispetto al chi sono e al che cosa voglio davvero, dobbiamo saper ribadire la bellezza dell'essere famiglia. Sarà anacronistico e impopolare e finanche da vecchi, ma per le scelte importanti la vita va vista dalla fine, per non provare un senso di inconcludenza: la paternità e la maternità ci dicono che, oltre il presente da consumare, c'è un futuro forse ignoto (è questo il bello!), ma carico di speranza!
Dunque ragazzi: niente corsa agli armamenti! Se proprio dovete attaccare l'altro, attaccategli un anello al dito!

15 Tra Sfitto e Sfratto

Giugno 2013

"Dalla conchiglia si può capire il mollusco, dalla casa l'inquilino" (Victor Hugo).

Chi di noi non ama ripetere di tanto in tanto "casa dolce casa"? Tuttavia, si tratta di un adagio che rischia di cadere in disuso per le tante case sfitte e per i numerosi sfratti che stanno costellando l'attuale periodo di crisi.

L'idea del materasso sulle spalle, di chi con o senza sfratto deve trasferirsi continuamente, resta un arduo dilemma: casa si – casa no. Pro e contro di una casa di proprietà, annessa spesso di un mutuo che campeggia indisturbato, vero e proprio fantasma dell'era moderna.

Ed il valore di investire con sacrificio sul mattone dov'è finito? Tutta colpa della crisi, oppure il manuale del vivere alla giornata vieta siffatte mire? E, ancora, anni e anni di deleteri falsi bisogni pompati dalla pubblicità, ci fanno rimpiangere il mancato acquisto dell'I-Phone piuttosto che il mettere da parte i soldi per godere al più presto di un'indipendenza abitativa?

Per dirla con Harry Potter "momenti bui e difficili ci attendono. Presto dovremo affrontare la scelta fra ciò che è giusto e ciò che è facile". In ogni caso, il tutto e subito resta una tentazione di ogni tempo e i giovani, soprattutto loro, preferiscono un assaggio di piacere e, così, si indebitano per il cellulare che fa tendenza piuttosto che per la casa.

In tempi nei quali la crisi economica rende oggettivamente difficile programmare il futuro, non va tuttavia sottovaluta la crisi umana e vocazionale del sapersi progettare. Allora la questione casa può diventare occasione di formazione e di ricerca di valori. La casa non è un luogo fisico fra i tanti, ma è una rappresentazione simbolica della famiglia, una sedimentazione ininterrotta di memoria e sentimenti, che si ripercorrono al solo ripetere: vado a casa o mi sento a casa. Che sia un capanno o un attico, sapersi a casa è aver raggiunto un rifugio sicuro. Che sia questa mancata

sicurezza a generare la più grande fragilità e incostanza nelle giovani generazioni? L'esempio estremo di chi perde la dimora, come i rifugiati e i terremotati, ci ricorda che questa è una faccenda non da poco.
Anche se il Grande Capo Gesù ha detto di non avere una pietra dove posare il capo, i nostri tempi lasciano inevasa e insoluta un'esigenza fondamentale. E se il senso di responsabilità e del sacrificio sono la direzione per rialzarsi, mettere su casa è una gran bella motivazione per farlo.
Dimmi come abiti e ti dirò chi sei: in un ordine di priorità, è bene lavorare sull'inquilino per formarlo alla scelta fra il giusto e il facile. Di qui, l'auspicio che la casa sia il palcoscenico della vita quotidiana e non soltanto un'icona lontana da desiderare.

16 Che lavoro fai? Genero bene comune

Luglio 2013

"C'è chi guarda alle cose come sono e si chiede "perché". Io penso a come potrebbero essere e mi chiedo "perché no?" (Robert Kennedy).
Stanchi del solito lavoro che non vi ripaga per quanto valete? Oppure che non vi ripaga affatto?
Tranquilli: questa è sempre la rubrica "Ah... beata gioventù!" E non una pagina promozionale! Eppure, un modo per rendere davvero beata la nostra gioventù è senz'altro quello di assicurarle un lavoro, ancor meglio se dignitoso!
In tempi di crisi, parlare di no profit, ossia di organizzazioni non a scopo di lucro (pensate, ad esempio, alle cooperative sociali) può sembrare sfacciataggine, ma... ci vogliamo provare! Può avere un prezzo la solidarietà? Se ha un prezzo, sappiate che è quello della felicità, dunque inestimabile!

In Italia e non solo nel nostro Paese, sono tanti gli esempi di organizzazioni no profit che, al di là dello specifico ambito nel quale operano, si propongono di assicurare un lavoro dignitoso e di fare del bene in situazioni sociali complesse, nelle quali lo Stato a stento riesce ad erogare assistenza. E tutto questo in tempi come i nostri, nei quali ci sono significativi tagli alla cultura, all'ambiente, alla ricerca e alle tante situazioni che mirano a sanare il degrado sociale assistendo le vittime delle mafie, gli immigrati... Ebbene, è proprio in questi ambiti che decine di migliaia di persone operano attraverso le organizzazioni senza scopo di lucro in grado di portare avanti un progetto che è lavorativo a tutti gli effetti, ma anche di solidarietà.
Dunque cari giovani, perché no? Perché non provarci? In fondo, non mancano le situazioni di disagio nelle quali operare. Purtroppo, c'è solo l'imbarazzo della scelta. Sapere che quanto si fa col proprio lavoro non solo accresce il capitale, ma fa anche crescere le persone, beh è il massimo! Permettete un po' di autoreferenzialità: forse tutto questo coincide in parte con il fine di ogni vocazione sacerdotale o religiosa. Chissà, la solidarietà può essere la svolta del nostro sistema economico e morale. In questo caso, una solidarietà carica di progettualità e grazie alla quale a chi ha fame, non si dà del pesce, ma si insegna a pescare.
Interroghiamoci sulla spinta motivazionale che ci pone in una prospettiva di speranza per il futuro dei nostri giovani! A volte bisogna saper rompere le regole se, come gabbie mentali, non ci permettono di riconoscere un'intuizione lavorativa e di valorizzarla, concretizzandola in un progetto. La stessa diffusa e dilagante insoddisfazione non è di per sé un dato negativo, se sfocia in una tenacia che ci rende capaci di rialzarci e di investire in attività imprenditoriali solidali. Allora coltivare una visione buona e bella della realtà, è un primissimo piccolo grande passo. Provate a immaginare che faccia farebbe chi ci chiede "che lavoro fai?" se potessimo rispondergli "genero bene comune!".

17 La prevalenza del nonno

Settembre 2013

"I giocattoli più semplici, quelli che anche il bambino più piccolo riesce ad usare, vengono chiamati nonni" (San Levenson).

Se il tempo scava rughe e "sale e pepe" è un'espressione per alludere delicatamente ai capelli canuti... ciò non toglie che possiamo parlare dei nostri nonni per declinare tutte le grandi possibilità della loro età. E non solo per elencarne a mo' di litania gli acciacchi e i conseguenti rimedi farmacologici da apprestare.

Sempre più spesso vediamo nonni e nipotini insieme: che siano al ristorante o sotto l'ombrellone, si tratta di un fenomeno diffuso. Forse perché, di questi tempi, la cena fuori e la vacanza comoda sono lussi che le famiglie giovani possono permettersi soltanto se accompagnate dai nonni. Baby sitter super lusso, dunque? Oppure, molto più semplicemente, si fa di necessità virtù?

L'età media più alta e la qualità della vita nettamente migliorata permettono ai nonni di viziare un tantino i propri piccoli. In fondo, dare ai propri nipotini quello che si è potuto ricevere da piccoli, è un sogno mai del tutto realizzato!

Conosciamo bene lo sguardo dolce, la vocina tenera e l'innocente *savoir faire* del nipotino che, a modo suo, sa presentare la propria lista dei desideri! Diventa una vera e propria impresa dire di no! E poi... perché dire di no?

Fa bene cedere alle loro lusinghe, ogni tanto! L'alchimia nonno - nipote è piacevolmente inguaribile, compiutamente complice. È perfino piacevole ascoltare la resa da parte del nonno che, grosso modo, viene sancita dalla seguente frase: "va bene, ti accontento, ma... mi raccomando, non dirlo alla mamma!".

E se i nonni rappresentano un porto sicuro di accoglienza e saggezza, dei libri illustrati che non smetti di sfogliare, beh i nipotini sono barchette che sanno ricordare ai grandi che andare alla deriva fra giochi, frizzi e lazzi, ogni tanto si può, si deve! E poi resta un arcano mistero se a divertirsi di più siano i grandi o i piccoli!

Se il genitore è bravo a guidare, correggere e accudire, i nonni restano i maestri incontrastati del raccontare: l'arte del fare memoria, di raccontare il passato partendo dagli aneddoti curiosi e strambi della propria esistenza... è qualcosa che non ha prezzo!

Forse dovremmo saper ripartire proprio da un vero rapporto intergenerazionale costruito su quella naturale fiducia incondizionata nonno - nipote che travalica l'altrettanto classico attrito genitore – figlio. D'altronde, è la forza dell'esperienza a comunicare i valori ineliminabili e imprescindibili di un'esistenza felice. E, poi, si sa: abbiamo bisogno più di testimoni che di maestri.

Ciò che siamo è frutto anche delle scelte di chi ci ha preceduto e, nello stesso tempo, costruiamo il nostro futuro perché dentro di noi è sedimentata la memoria, la storia dei nostri nonni. Per piccolo o grande che sia il tempo che passiamo con loro, ci appartiene come fondamento della persona che, giorno dopo giorno, costruiamo. Il tratto di strada sulla quale nonno e nipote camminano insieme, conduce ad importanti risultati se, passo dopo passo, ci *nonnizziamo* e *nipotiamo* reciprocamente, quanto basta!

Molto più che passatempi, dunque: i nostri nonni sono macchine del tempo e di valori!

18 Dimmi come ti sposi e ... ti dirò chi sei!

Ottobre 2013

"La pubblicità ci mette nell'invidiabile posizione di desiderare auto e vestiti, ma soprattutto possiamo ammazzarci in lavori che odiamo per poterci comprare idiozie che non ci servono affatto" (Brad Pitt / Tyler Durden in Fight Club).

La ghiotta occasione dove spendere e spandere a più non posso è il matrimonio. Fino a rischiare di farlo diventare una carnevalata, per usare le parole di don Roberto Cavazzana e don Marco Pozza, famigerati sacerdoti chiamati a benedire le nozze tra la show girl Belen Rodriguez e Stefano De Martino e che all'invito hanno osato opporre un secco no!

La motivazione del rifiuto? L'evitare di diventare uno degli orpelli della strabiliante scenografia, tra il bouquet e gli abiti firmati da rinomati stilisti. Dunque, l'essersi opposti al "dimmi come ti sposi e ti dirò chi sei"!

Tutti criticano a più non posso gli eccessi da matrimonio (pensate si possa parlare di febbre da matrimonio?!), ma nessuno riesce a sfrondare la scenografia dell'evento. Uno per tutti: è proprio impossibile sottrarsi al tappeto rosso nuziale?

Eppure, proviamo a spezzare una lancia a favore non solo dei bersagliati personaggi del *jet set*, ma anche dei comuni mortali che desiderano un matrimonio da favola! Il giorno delle nozze viene da tanti sognato da tempo immemorabile; "sogno" è infatti l'aggettivo più usato quando si parla del giorno delle nozze. In fondo, il matrimonio può essere considerato una vera e propria istituzione universale, comune a tutti i popoli di ogni continente e di ogni epoca, e che porta con sé una tradizione di segni ben auguranti. Così alla rigidità del cerimoniale che va dalla chiesa ai paggetti e dal banchetto al lancio del bouquet, si mescola una creatività senza freni, alla ricerca di quegli elementi di esclusività e di lusso a volte sproporzionati rispetto alle reali possibilità economiche.

De gustibus non disputandum est, ma la santa sobrietà e la beata semplicità pagano sempre, allontanando il rischio carnevalata che è sempre alle porte: "siamo sottoprodotti di uno stile di vita che ci ossessiona" si dice nel sopracitato film. Il giorno delle nozze trasforma tutti in re e regine, ma se sovrani ci si improvvisa soltanto, si vede eccome!

Dunque sostanza e futilità, scena e scenografia, si confondono e la priorità dell'evento, cioè il suggello al patto di tutta una vita insieme, diventa qualcosa di scontato, non degno di particolare attenzione.

E, allora, denunciare la carnevalata può servire a far riflettere che, nel giorno del matrimonio, va lasciato spazio alla mente e al cuore, al progetto di vita celebrato e da realizzare giorno per giorno con la dovuta consapevolezza.

Il rischio è scegliere di vivere un giorno da leoni, forse memorabile, e cento da pecore, alla ricerca affannata di felicità. La sapienza liturgica chiama continuamente alla vera e fedele reciproca donazione: "nella gioia e nel dolore, nella salute e nella malattia".

Dove neanche il *wedding planner* basta più, e si chiede l'aiuto di un direttore artistico dell'evento, l'unica risposta carica di senso resta la riscoperta continua della vocazione all'amore, quello vero, fatto di gratuità e dedizione incondizionata. In definitiva: amare come ama Dio.

19 Studente o sfuggente?

Dicembre 2013

"La felicità... Esiste, le dico"

"Sì, ma dove?"

"Senta, da ragazzo mi lamentavo sempre con mio padre perché non avevo giocattoli. Lui mi diceva: questo (si indica la testa n.d.r.) è il più grande giocattolo del creato, è qui il segreto della felicità". (Charlie Chaplin, da Luci della ribalta).

E questo verosimilmente sarà il medesimo segreto di Rachid, un giovane immigrato marocchino venditore di accendini e fazzoletti, che alcuni giorni fa si è laureato in ingegneria civile al Politecnico di Torino. Decisamente un lieto fine, soprattutto perché frutto di sacrifici e perseveranza.

Per troppi giovani studenti l'università è, invece, una mera area di parcheggio retribuito dai genitori. A farne le spese, in tutti i sensi, sono anche i genitori che non riescono a seguire i passi dei futuri dottori. Che fare? Fino a quando le luci della ribalta sono poste paradossalmente solo sul successo finale, non si aiuta nessuno: quand'anche di plastica, quella corona d'alloro, simbolo di vittoria, non è mai a buon mercato!

Fino a quando, come genitori ed educatori, non riusciremo a sdoganare un'immagine nuova e vera di sacrificio, non stimoleremo adeguatamente la maturità dei giovani. Lo stile del successo è il non desiderare altro che mettere un mattoncino dopo l'altro per costruire la casa della nostra vita felice. Al contrario, l'idea del tutto e subito, l'andare a tutto gas per un giorno, ci fa tristemente scoprire che non abbiamo la bacchetta magica e che il carburante del sacrificio va centellinato.

Un certo Gesù di Nazareth diceva: "A ciascun giorno basta la sua pena". Sognare in grande e desiderare risultati importanti è imprescindibile. Tuttavia, la riuscita la fa il cammino. E, allora, saper insegnare a sopportare gli alti e bassi e a rialzarsi presto dalle cadute, trasmette il valore della perseveranza,

l'ingrediente di chi sa valutare il valore del tempo (e anche del denaro!). È doloroso riconoscere di essersi nascosti nel "parcheggio dei fuori corso", rimandando all'infinito il conseguimento della laurea per vivere solo l'attimo (s)fuggente... come nelle porte a vetro scorrevoli, se non le riconosciamo per tempo, ci sbattiamo inesorabilmente il nasino, che ci piaccia o no!
L'investimento sui figli non può essere solo economico. Bisogna anche dare fiducia e, al tempo stesso, condividere e marcarli stretto quanto basta a motivare e a sferzare: troppe volte ascoltiamo di ragazzi che, alla vigilia di una fantomatica seduta di laurea, sono scoperti con pochi esami all'attivo. Il lavoro di genitore non può essere delegato: l'unico sguardo, più preciso di una radiografia, è quello del genitore capace di passare dal rimprovero all'abbraccio in una frazione di secondo. Se si supera l'esame rappresentato dal dialogo vero, nessuna crisi può abbattere del tutto i nostri sogni.
Il dottore Rachid resta un testimone forte e concreto di una maturità raggiunta. La sua tesi si intitola *"Il grafene e le sue potenzialità insospettate"*. Il grafene è un foglio sottilissimo che, adagiato su qualsiasi superficie, resiste quattro volte più dell'acciaio perché sa adeguarsi alla realtà: lo straordinario paradigma della flessibilità ma anche della tanta resistenza che occorrono ad uno studente.

20 L'ombra del testimone

Gennaio 2014

"Per me non è neanche un problema. A che serve un campo di golf? A giocare a golf. Un campo di tennis? A giocare a tennis. Un campo di prigionieri? Serve a scappare!" (dal film *La grande illusione*).
Visti da lontano, genitori e figli, nonni e nipoti, sembrano a volte giocare a guardie e ladri: le aspettative degli uni contro il disinteresse degli altri, i valori tradizionali contro quelli moderni.

Viene da chiedersi: sono lecite aspettative o solo belle illusioni quelle degli adulti? E i nostri giovani hanno spalle sufficientemente larghe (e voglia) per assecondare i valori e gli ideali che vengono loro trasmessi? Prima di darcela a gambe (!), facciamo un ampio respiro in questo inizio d'anno... chi ben comincia, è a metà dell'opera!

C'è una staffetta generazionale invisibile da tenere in considerazione, perché il processo educativo e anche la semplice testimonianza fanno in modo che ciò che l'esperienza insegna, diventa storia, plasma e orienta. Tuttavia, a ben guardare, non sempre i giovani sono così duttili.

Eppure, verrebbe da pensare, quali maestri migliori degli adulti di oggi, che hanno vissuto il dopoguerra e le battaglie sessantottine? Chissà se, tuttavia, i sogni antichi di quelle generazioni non siano troppo stretti e troppo rigidi per i piccoli di oggi. La moderna "società liquida" è tale in quanto vive nell'incertezza, senza una forma. E i giovani mostrano di non avere la libertà e l'autonomia dei loro genitori rivoluzionari e né tantomeno si sottomettono agli ideali speranzosi dei genitori. Il risultato è un'atrofia relazionale, una guerra di mondi, vicendevoli accuse che rilanciano colpe e responsabilità. Assistere a questo incontro - scontro può risultare addirittura avvincente, ma così facendo ci si dimentica di costruire insieme quel sogno. E il tutto diventa un guazzabuglio, uno spreco di risorse, dal quale se ne esce solo con responsabilità e fatica, identità e passione. Per edificare strade e non campi di prigionia, servono, infatti, ponti fatti di relazioni forti, senza troppe ideologie stonate. E strade lastricate di qualche (decina di) mea culpa!

Bisogna colmare l'attuale eccessiva distanza tra il dire e il fare, tra la coerenza di una solida testimonianza e il solo desiderare per i propri figli quello che non si è avuto, caricandoli così di sensi di colpa oppure, ancora peggio, di sogni vuoti quali il carrierismo facile, il divismo senza arte né parte. Viceversa, si aiuti a crescere partendo dall'abc, dalle seguenti domande: chi sono? Chi voglio essere?

Non dimentichiamo, poi, che i valori, se sono autentici, portano sempre al bene e dunque alla felicità, cioè al terreno fertile per crescere, anche nella fede. Imparare a sperare sia, allora, il proposito possibile per i giovani e gli ex-giovani nel corso di questo 2014 ancora all'alba. La speranza è quel terreno che non frana: ecco perché non bisogna temere di camminare, correre e saltare senza bisogno di fuggire.

21 Eroi tutti i giorni

Febbraio 2014

"Non esistono uomini straordinari, ma soltanto uomini normali in situazioni straordinarie" (Anonimo).

Se Aitzaz Hassan Bangish fosse sopravvissuto al suo eroico gesto, forse troveremo questa citazione sul suo diario. Aitzaz è un quattordicenne pachistano, morto per fermare un kamikaze.

I fatti: per una coincidenza provvidenziale (e fatale) o per un semplice caso fortuito, Aitzaz arriva tardi a scuola e non lo lasciano entrare malgrado la sua insistenza. Così, mentre con i suoi compagni ritardatari resta a gironzolare nei paraggi, gli si fa avanti un ventenne, mai visto prima, che gli chiede informazioni per l'iscrizione. Il clima teso fra la minoranza sciita, alla quale Aitzaz appartiene, e la jihad sunnita, rende da subito pesante la situazione. Addirittura, ben presto Aitzaz e i suoi compagni realizzano di avere davanti a loro un kamikaze talebano.

La paura sale come una marea violenta: le idee cavalcano con le emozioni, con quell'istinto di sopravvivenza che impone di allontanarsi immediatamente dal pericolo. In preda al panico i ragazzi corrono via. Tutti, ma non Aitzaz che, viceversa, a grandi falcate raggiunge l'attentatore in procinto di entrare nella scuola che ospita migliaia di ragazzi riuniti in un'assemblea. Ora Aitzaz è davanti al terrorista: lo strattona, in una lotta disperata lo blocca cadendogli addosso e schermando col suo corpo la deflagrazione inevitabile.

Adesso Aitzaz è un eroe bambino (il quarantaseiesimo nell'ultimo anno!) che ha pagato con la vita il prezzo di una lotta politica e sociale in una terra tanto santa quanto martoriata. L'estremismo ha generato il suo frutto: il sangue tanto del kamikaze quanto del piccolo salvatore, acremente uniti, inseparabili per una beffarda sorte. La migliore battaglia è quella che non si è combattuta, specie quando in ballo c'è un pregiudizio religioso e politico.

Una polveriera a cielo aperto, quale il Medio Oriente, una terra a noi più vicina di quanto si pensi, ci interroga sulla precarietà della vita. Se l'espressione martire ci fa pensare al santo patrono del nostro paese, in Medio Oriente può associarsi al vicino di casa, che non gioca a fare l'eroe: lo fa e basta, perché il bene comune può essere chiaro anche ad un ragazzo, in quanto ha il colore delle cose che son belle al primo sguardo, come un colpo di fulmine.

È questa riconoscibilità del bene che dobbiamo invocare e, prima ancora, offrire alle giovani generazioni, sempre a rischio di essere flaccide perché prive di modelli validi e valori condivisibili.

Zelanti maestri a volte affidano il compito di stilare alla lavagna meticolose liste dei buoni e dei cattivi. Tuttavia, l'errore non è nella possibile risposta sbagliata, ma nella domanda stessa! Dietro il vizio o la virtù c'è la persona. Se evitiamo di chiuderla in categorie, forse è più semplice accettarla, integrarla e amarla!

22 Smetto quando voglio?

Marzo 2014

"Ridiamo valore ai salari. Ridiamo un futuro ai giovani. Ridiamo onestà alla politica. Ridiamo valore alla cultura. Sì, ridiamo!!!" (Antonio De Curtis, in arte Totò).

Ridendo e scherzando si può dire di tutto, anche la verità: è quello che fa "Smetto quando voglio" un lungometraggio del regista salernitano Sidney Sibilia che racconta la storia di sette cervelloni, spenti in una vita disoccupata e precaria. "Sono accusato di produzione e spaccio di stupefacenti, sequestro di persona e tentato omicidio. Mi chiamo Pietro Zinni e sono un ricercatore universitario". È questa la frase di apertura del film.

Pietro è un neuro biologo dottore di ricerca che subisce il precariato accademico. Accanto a lui altri "geni" costretti a occupazioni momentanee, poco remunerative e distanti anni luce dai propri studi. Ci sono i latinisti benzinai, il chimico lavapiatti, l'economista col vizio del gioco e l'antropologo che non trova lavoro presso uno sfasciacarrozze proprio perché laureato. Per la banda di ricercatori sarà un gioco da ragazzi riscattarsi inventando e spacciando una nuova droga chimica. "Meglio ricercati che ricercatori" diventa il loro slogan! Ma quando la psicologa fidanzata di Pietro, che lavora in una comunità di recupero per tossicodipendenti, scopre tutto, allora sarà il momento di dire: "smetto quando voglio".

La brillante paradossale idea della grottesca banda degli onesti composta dai dotti precari de "Smetto quando voglio", se da un lato ha il pregio di deliziarci con esilaranti spunti comici, dall'altro ha l'altrettanto indiscutibile merito di suscitare una ulteriore riflessione sui danni generati dal precariato intellettuale e dalla "fuga dei cervelli", famigerata espressione che sintetizza il dramma di tanti giovani costretti ad emigrare per vedere valorizzata la propria alta specializzazione.

Le storture del nostro sistema economico, politico e culturale e la sua grottesca non valorizzazione delle risorse umane, trovano nel film una risposta eclatante, esagerata, ma pungente per la verosimiglianza. A noi, però, al termine della visione resta aperta la seguente domanda: spacciare o non spacciare?! Ebbene, tutti noi, nel progettare la nostra vita, possiamo sentirci autorizzati ad imboccare delle scorciatoie (in primis la raccomandazione...). Ma sapremo poi smettere di chiudere gli occhi di fronte alla realtà ovvero di cercare queste risposte facili ma anche immorali e illegali?

Il bene è sempre riconoscibile alla nostra coscienza, se ben formata. E, tuttavia, a volte vogliamo autoconvincerci nel vedere bianco (il bene) dove c'è solo nero (il male)... Eppure, rammentiamolo sempre: del bene non possiamo mai pentirci! Nella vita di tutti i giorni c'è sempre una risposta da dare e una responsabilità da riconoscere che diventa la nuova meta verso la quale dirigere il nostro cammino. Questa risposta sta proprio nel perseverare nella ricerca del bene comune, sempre e comunque.

E la cultura proietta la nostra libertà verso la felicità. Quando nel film Alberto il chimico torna in laboratorio, ha la tenera esclamazione di chi torna a casa, nel proprio mondo. E gli spettatori provano la sensazione che realizzare la propria vocazione è davvero una risorsa per tutti. Droga a parte!

23 Un ristorante buono da morire

Aprile 2014

"L'essere umano diventa forte se può elaborare bene i cibi che assume" (Rudolf Steiner).

"O ti manci sta minestra o ti jetti da' finestra". A dircelo, in dialetto siciliano e con tono minaccioso, d'ora in poi potrebbe essere un ristoratore: "La Mafia" è una catena di ristoranti in franchising, diffusissima in Spagna!

"La mafia si siede a tavola", recita lo slogan di una operazione commerciale più che riuscita, vista la fila per pranzare in un ambiente stile "Il padrino". Tutto è curato nei minimi particolari: ci sono perfino i famigerati nomi dei boss (Al Capone, Lucky Luciano...) stampati sulle sedie! E l'immancabile carta fedeltà? Se diventi socio, riceverai il "Benvenuto nella nostra grande famiglia" con contorno, è proprio il caso di dire, di sorriso e calda accoglienza. Sono già trentaquattro i ristoranti affiliati in Spagna e si preparano nuove aperture, complice un menu con prezzi modici e tanta pubblicità che gioca sull'essere famiglia. Famiglia con la effe molto minuscola, visto il gusto sgradevole e irriverente dell'iniziativa.
Può la speculazione economica giustificare un'iniziativa del genere e, quindi, più in generale, qualunque scelta commerciale? Siamo al solito braccio di ferro: denaro contro valori. E il risultato è annunciato se neanche un dubbio etico sfiora gli imprenditori. E, soprattutto, se non c'è indignazione sociale!
"Tutto mi è lecito, ma non tutto giova" affermava il buon san Paolo, duemila anni fa. Il punto è riconoscere oltre quale limite si deprime l'essere persona, qual è quel punto di non ritorno che, come una carie, consuma la dignità dell'uomo e si traduce in scelte concrete. Scelte che plaudono ad un sistema fraudolento fondato sul relativismo etico.
Prima ancora che una organizzazione criminale, la mafia è un sistema di potere fondato sul consenso sociale, anche omertoso. Ebbene, paradossalmente, è ad un simile consenso che si richiama il marchio iberico di ristorazione. Probabilmente per tanti la mafia è un mero racconto dal sapore cinematografico, cruento ma in fondo goffo, a tratti forse anche divertente.
Quel mondo assurdo, invece, esiste davvero e continua a decimare vite umane con orgoglio e rivendicazione. È capace di mettere in ginocchio l'economia mondiale. È una gabbia dorata per pochi, fatale per i più. Il punto, allora, è che l'illegalità deve destare disgusto. Se così non è, allora tutto è un gioco, non solo il cibo: *reality show*, giochi di ruolo, simulazioni virtuali e chi

più ne ha più ne metta... tutto dice una ricerca di esperienze sensoriali, di emotività evanescente, senza impegno, senza responsabilità. Viceversa, la storia, la memoria e il rispetto esigono di incamminarsi per scoprire che la mafia non ha clienti, solo vittime.
Dovremmo chiedere che cosa pensa dell'insegna "La Mafia" a chi ha visto morire i magistrati e tanta altra gente onesta che ha osato opporsi alla famiglia. Dovremmo chiederlo ai siciliani che ogni giorno passano sotto l'albero di Falcone cresciuto di fronte alla casa del giudice assassinato perché simbolo della lotta alla mafia: ognuno di loro avrebbe qualcosa da rammentarci. Abbiamo esportato l'inimitabile cucina italiana, adesso impegniamoci nell'esportare una memoria mantecata di valori!

24 Un bullo per ogni gregge (di pecore)

Maggio 2014

"Un lupo e un agnello, spinti dalla sete, si ritrovarono a bere allo stesso ruscello. La fame spinse il lupo ad attaccar briga e allora disse: "Perché osi intorbidirmi l'acqua?" L'agnello, tremando, rispose: "Come posso fare questo, se l'acqua scorre da te a me?" "È vero, ma tu sei mesi fa hai parlato male di me" "Impossibile, sei mesi fa non ero ancora nato" "Allora - riprese il lupo - fu certamente tuo padre a rivolgermi tutte quelle villanie". Quindi, saltò addosso all'agnello e lo sbranò" (Fedro).
È proprio il caso di dire che il lupo perde il pelo, ma non il vizio: la favola di Fedro, scrittore romano del I secolo, ha più di duemila anni e potremmo definirla l'allegoria del triste e famigerato fenomeno del bullismo.
È di poche settimane fa la storia di una ragazza presa a calci e pugni, sbattuta a terra e trascinata per i capelli da una compagna di scuola, perché da lei accusata di averle portato via il fidanzato. L'impresa della lupa di turno è stata filmata e diffusa su internet: ha fatto il giro del *web* l'incitamento "Dai,

più cattiva!" dei compagni di branco e che copriva l'aiutatemi gridato dalla vittima.
Come se non bastasse, il bullismo non si ferma alle botte e alle minacce: una quattordicenne di Cittadella, si è suicidata anche in seguito agli insulti violenti di sconosciuti con i quali comunicava su internet, dove aveva confessato la sua fatica di vivere. È sciacallaggio puro, il cyber-bullismo: forti della protezione assicurata dall'anonimato, si esasperano vite di fragili adolescenti.
Ancora, imperversa in America la moda di colpire con un improvviso e potente pugno un passante! E questo solo perché il bullo deve dimostrare al proprio gruppo di appartenenza la propria forza e invincibilità.
Il termine Bullo deriva dall'inglese bull che sta per toro. Il toro è possente, fa paura con la sua mole ed è sospinto dall'ira. Questa stessa ira la ritroviamo, gratuita e immotivata, nel bullo che, con la violenza, mortifica, umilia e sottomette la propria vittima.
Un'indagine condotta nel 2011 da Eurispes e Telefono Azzurro attesta che uno studente su cinque è stato più volte vittima di provocazioni e prese in giro da parte dei compagni. Eppure, svelando agli adulti i soprusi, è possibile smontare il bullo e far scoppiare questa pericolosa bolla fatta di omertà e complicità. Già, perché senza il gruppo, che spalleggia, sghignazza e caldeggia, nessuno metterebbe in atto vere e proprie condotte antisociali.
Altrettanto pericoloso è il gregge, che non vuole intervenire per difendere, che minimizza, che si volta dall'altra parte forse pensando: "beh, in fondo se l'è cercata!".
Siamo tutti chiamati, allora, a trasferire ai nostri giovani, non soltanto cultura e competenze, ma soprattutto umanità e dignità. I nostri giovani hanno bisogno di scuole in grado di insegnare che la dignità va difesa e, se necessario, rivendicata. Prestando un'attenzione ai più deboli, così rispettosi da non essere pronti a fare la voce grossa e a dire un secco no al sarcasmo quando diventa pungente al punto di ferire. Il ragazzo bersagliato da scherzi crudeli e che, per questo motivo, si sente incompreso e frustrato, sappia sempre che

non ha nulla in meno dei propri coetanei. Pensi alla propria dignità e non si vergogni di confidarsi con un adulto: chi lo prende in giro è così debole da doversi mascherare dietro la facciata del cattivo a tutti i costi. Dietro il lupo, c'è un agnello che non si ama abbastanza.

25 Il rumore della gioia

Giugno 2014

"Siamo a Londra. Strepito di cavalli e di carrozze. Ma ecco quel signore che si è fermato. Pare in ascolto. Ma di che? Trattiene per un braccio l'amico e gli sussurra: "Senti? C'è un grillo!". "Ma come ha fatto a sentire il grillo in tutto questo chiasso?" domanda l'amico al signor Fabre. "Perché voglio bene a quelle piccole creature. Tutti sentono le voci che amano, anche se sono debolissime. Vuoi che proviamo?". Il signor Fabre si ferma. Estrae dal borsellino una sterlina d'oro e la lascia cadere a terra. È un piccolo din, ma una decina di persone che camminano sul marciapiede si voltano di scatto a fissare la moneta". (da *Il grillo del signor Fabre*, di Bruno Ferrero, sacerdote e scrittore).

Non so se fa cri cri oppure din din, so però che c'è una voce assordante, potente eppur sussurrata. È la voce dello Spirito Santo, la voce della Parola di Dio, la voce della speranza affidata alla Chiesa e a chi ne è missionario. L'annuncio della missione è esplicito, come gridato dai tetti, ma servono orecchie sintonizzate per ascoltarlo. La frequenza radio? È personalissima! Come gli ultra suoni sono urla per molti animali e assoluto silenzio per altri, così è per la Parola Viva del Cristo. E voi ragazzi, siete connessi? Vediamo un po'...

Accanto all'autorevolezza del mandato missionario che, in nome di Cristo, ci invia fino ai confini della terra, c'è un'esperienza che si declina nelle strade e nei volti incontrati, mai per caso. E che si fa avventura travolgente e risanante. Ma anche rocambolesca: sa di aroma di caffè, offerto con generosa insistenza, proprio come al postino del film Benvenuti al Sud. La missione popolare sa di sentieri impervi: la famiglia da visitare è sempre all'ultimo piano e quella del primo è, chissà perché, sempre assente! La missione sa di strette di mano: ci si intende con lo sguardo, anche se ci si conosce da poche ore. La gioia dell'incontro apparentemente è solo di chi è visitato, ma forse in pochi sanno che la missione è scuola di spiritualità e di umanità innanzitutto per chi è inviato sul pulpito. Di cosa gioire? Dell'opera dello Spirito che fa poco rumore, ma che si vede nel bene fatto con sacrificio, con responsabilità e col sorriso.

È con tutto questo che ci si connette in missione, amici miei! Si, perché la teologia della grazia di Dio non si apprende sui libri, ma nella difesa della vita sempre e comunque. Ed allora, ecco le storie di uomini e donne, fratelli e sorelle in Cristo, che non fanno prediche altisonanti, ma sanno annunciare la speranza con le scelte concrete figlie dei valori riconosciuti e vissuti. La missione della chiesa non è fatta solo dal sacerdote, ma dai genitori che sanno amare. Da voi, insomma! Tutto qui. È questo il segreto che da duemila anni ci permette di raccontare di persone felici perché consapevoli di saper dare e ricevere amore, in collaborazione con quell'Amore in pienezza che è Dio.

Questa cosa, così semplice e limpida, non va taciuta! Troppo spesso è soffocata dal fracasso di notizie di cronaca nera! Il din din lieve, che ha il suono di campane lontane, ci chiama a vivere queste esperienze, a crescere. Che dire dunque, soprattutto a voi cari giovani? Vi aspettiamo! Intanto, ascoltate il rumore del silenzio: ha tanto da dirvi; proprio in quello spazio c'è campo... il segnale è potentissimo... lì ci parla Dio! Provare per credere! A presto, dunque!

26 Prima o poi ti sposo! Più poi...

Luglio 2014

"Ciò che non abbiamo osato, abbiamo certamente perduto" (Oscar Wilde). Cara beata gioventù... sì, dico proprio a voi ragazzi: osate sposarvi? Oppure alla fatidica domanda del vostro lui o della vostra lei, facendo spallucce rispondete "prima o poi ti sposo!", cambiando discorso alla velocità della luce?

Dove sono le energie dei giovani? Secondo l'Indice Genworth, che fornisce su scala mondiale una valutazione delle situazioni finanziarie delle famiglie, sembra che i nostri ragazzi siano bloccati dalla paura di far peggio dei propri genitori. Ahimè, siamo di fronte all'eterno rinvio di una scelta importante e indubbiamente problematica: metter su famiglia...

Noi giovani ci sentiamo spesso ripetere che dobbiamo saper guardare al futuro e imparare a sognare. E, poi, che la felicità va sperata... Ecco, sperata per l'appunto, non sparata in un domani eterno! Perché a furia di attendere e rinviare, c'è il rischio di essere bloccati nel futuro, dimenticando che le scelte si operano nel presente. Pertanto, se non ora quando?!

Attenzione: il limbo dei timorosi è già sovraffollato! Se si attende l'allineamento astrale o chissà quale altro segno dal cielo, c'è il rischio di perdere quel treno che si chiama maturità, progettualità, vocazione. Il Grande Capo, Dio, ci ha lasciato un compito, quello di essere suoi collaboratori. La creazione non è terminata e, per quanto ognuno di noi sia un granello di sabbia nell'universo, abbiamo il potere di scegliere che cosa farne.

Qualcuno ha detto che piantare un albero, avere un figlio e scrivere un libro, renda eterno il racconto della propria vita, perché imprimeremmo la nostra irripetibile impronta nella creazione. Passi per il libro e per molti post e *Twitter* modaioli, ma qui parliamo di generare, cioè della più misteriosa e meravigliosamente straordinaria forza che l'uomo possa esibire. E certo che è una sfida! Non dimentichiamo che pessimismo ed egoismo rischiano di autocondannarci e, ciò che è peggio, di giustificarci. Suvvia, sganciamoci da queste logiche e compiamo l'imprudenza di amare! La follia di qualche sacrificio è ben spesa, per dirla con lo scrittore Gabriel García Márquez, quando un neonato stringe con il suo piccolo pugno, per la prima volta, il dito del padre. E lo racchiude per sempre.

27 La Sfida da vincere? Restare insieme!

Settembre 2014

La pazienza e l'amore non hanno come motivo di fondo il coraggio? Il restare insieme non è forse fra le più belle forme di coraggio?

Quando si ha una famiglia, quando c'è tanto da perdonare e da farsi perdonare, eccolo il coraggio di restare insieme! Mettere un punto e ricominciare, darsi un pizzicotto sulla pancia per superare i naturali limiti umani: questo è coraggio, pronto a trasformarsi in fiducia, dunque in amore. Il coraggio non è irragionevolezza o follia. È voglia di gettare ponti, di costruire.

Leggete ora la storia che ci racconta lo scrittore e presbitero Bruno Ferrero e che riportiamo alla fine di questo capitolo: questa storia è fatta di tanti "credevo", di presunzioni, di aspettative che ingolfano la mente. Ed allora per uscirne, care giovani famiglie, serve quello sprint che si chiama coraggio, cioè l'avere a cuore il vostro progetto di vita.

Dietro le storie di coraggio familiare, ci sono volti spesso rigati da lacrime, ma non scalfiti nel cuore. Ci sono, ad esempio, le persone che il ministero sacerdotale mi fa incontrare. E, così, ora so per certo che le prove di coraggio allo stato puro appartengono solo agli sportivi che, per spirito agonistico, vogliono superare se stessi. Per tutti gli altri, è la vita che porta con sé sfide che non danno abbastanza tempo per decidere e sfide che spaventano alla sola idea, come le nuvole minacciose che hanno accompagnato troppi giorni della nostra estate.

Che cosa fare di fronte a queste sfide che, spesso, minano la serenità familiare? Mettersi alla ricerca della pietra filosofale? Niente affatto! Perché c'è un'alchimia fatta di adrenalina, intelligenza e volontà che si chiama coraggio. Lo si riconosce solo col senno di poi: "non so dove ho trovato la forza, per affrontare tutto questo", si ammette in questi casi. Così come le nuove auto hanno una riserva che consente di macinar chilometri, così siamo noi.

Solo portando possiamo scoprire quanto siamo capaci di portare. Ciò che conta è non fare troppa filosofia, ma mettersi decisamente in gioco. Realizzare, fare, camminare. A pensare troppo si finisce per non agire più! Bisogna trovare il modo di cavare il giusto dal guasto! Per dirla col nostro amato papa Francesco: "*Da capitano vi sprono a non chiudervi in difesa, ma a venire in attacco, a giocare insieme la nostra partita, che è quella del Vangelo*".

"Ricordi il giorno che presi a prestito la tua macchina nuova e l'ammaccai? Credevo che mi avresti uccisa, ma tu non l'hai fatto. E ricordi quella volta che ti trascinai alla spiaggia, e tu dicevi che sarebbe piovuto, e piovve? Credevo che avresti esclamato: "Te l'avevo detto!". Ma tu non l'hai fatto. Ricordi quella volta che civettavo con tutti per farti ingelosire, e ti eri ingelosito? Credevo che mi avresti lasciata, ma tu non l'hai fatto. Ricordi quella volta che rovesciai la torta di fragole sul tappetino della tua macchina? Credevo che mi avresti picchiata, ma tu non l'hai fatto. E ricordi quella volta che dimenticai di dirti che la festa era in abito da sera e ti presentasti in jeans? Credevo che mi avresti mollata, ma tu non l'hai fatto. Sì, ci sono tante cose che non hai fatto" (Bruno Ferrero).

28 Nel segno del grazie

Ottobre 2014

"È un segno di mediocrità quando dimostri la tua gratitudine con moderazione" (Roberto Benigni).

Ogni storia ne porta con sé mille altre: al tragico naufragio della Costa Concordia, si àncora la storia di Egly Cabrera, che è tornata dal Venezuela all'isola del Giglio per ringraziare i gigliesi dei primi soccorsi ed il parroco per la stola con la quale si è riparata dal freddo in quel gennaio del 2012.

Sono passati quasi tre anni, ma la memoria della gratitudine, come memoria del cuore, cresce ma non diminuisce, quando è forte e sincera. Quella notte del 13 gennaio, la chiesa fu subito aperta ai naufraghi che, appena scesi dalla scialuppa, erano ancora bagnati e infreddoliti. Egly si rintanò nel confessionale. "Io avevo indosso solo un jeans, una maglietta e delle ciabatte di plastica: in chiesa si gelava!", rammenta Egly. Ed allora, anche una semplice stola offertale dal parroco Lorenzo Pascuotti, servì a mo' di sciarpa per rimediare alla men peggio. Poi, nel trambusto, quella stola non ritornò al parroco ma attraversò i continenti, accompagnando Egly nel ritorno a casa.

Ebbene, dopo quasi tre anni, la scelta di Egly di ritornare sull'isola per ringraziare il parroco, non ha soltanto il sapore del "vissero felici e contenti". Perché voler dire grazie è bene, saperlo dire con un gesto semplice e forte, è straordinario. Ma è proprio necessario dire grazie? Oppure si tratta di un vuoto formalismo? O ancora, peggio, di un gesto opportunista che chiude un conto in sospeso? Certo, è l'intenzione quella che conta!

E se, invece, il ringraziare diventasse sempre più uno stile di vita? Sarebbe una vera e propria rivoluzione ricostruire i nostri rapporti con gli altri, a partire dalla consapevolezza che da soli possiamo poco. Con Dio e con gli altri, viceversa, possiamo fare cose grandi! Mi sa, peraltro, che non ci siamo fatti da soli! O no?!

Non c'è cosa più umana di un grazie. Si tratta di un atto di umiltà, ma tutt'altro fa tranne che umiliare chi lo compie! Non a caso, diciamo che il ringraziare esprime ri-conoscenza, perché è aprire gli occhi, è scoprire una verità, assieme a quel pizzico di meraviglia che non rende nulla dovuto o scontato!
E noi giovani sappiamo dire grazie? In tanti dicono che pretendiamo a kilometro zero, da bella gioventù beata! Forse un po' è vero, ma il frutto, si sa, non cade mai lontano dall'albero. Allora sarebbe opportuno guardarsi indietro non per ricercare capri espiatori, ma per riscoprire che tutto quello che c'è di buono e di bello (e ce n'è!) è frutto di chi ci ha preceduto, a partire dall'esempio e dagli insegnamenti della nostra famiglia. A volte sembra tutto accidentale, fortuito.
Eh no, ragazzi miei, e Dio dove lo mettiamo? Lui neanche lo chiede un grazie, ma il primo maestro da ringraziare continuamente, magari con l'eucarestia (che significa rendimento di grazie), è Lui! Sant'Alfonso dice ai confessori di abbracciare nel cuore i penitenti: la notte del Giglio quella stola ha assolto al suo compito dicendoci che, per poter dire grazie, intanto bisogna esserci, senza mediocrità, dunque senza moderazione, ma con forza e dolcezza. Anche intraprendendo un viaggio intercontinentale. Insomma, senza badare a spese!

29 Quattro salti nel delirio

Dicembre 2014

"Nessuna erba, nessuna cartina: il tuo sorriso sballa più della cocaina" (Anonimo).
Il *rave party*, tipica festa notturna, dove ci si trova per ballare e per sballare, pare stia per essere superata da una nuova tendenza: il *rave* prima del lavoro, niente poco di meno che alle 6.30 del mattino fino alle 10.30, per un

risveglio muscolare senza precedenti "allestito" con musica, drink energetici, croissant e tanto caffè.

Le feste pre-ufficio già spopolano da Londra a New York. Temo che da noi, mancando purtroppo il lavoro, manchi anche la festa, ma questo è un altro discorso. Resta la domanda: è proprio necessario lo sballo, essere fatti di droga o di alcool, come in tutt'altre feste accade, per affrontare la vita con le gioie e coi dolori di ogni giorno (come dice quel vecchio canto di chiesa!)?

Fatti salvi il divario generazionale, la crisi e le immaturità a vari livelli, resta la vita, la così detta normalità, l'ordinario da accettare così com'è prima di dare qualche smussata per ravvivarlo! Perché, invece, deve necessariamente essere tutto straordinario, bellissimo, *sbrilluccicoso*? Perché ogni giorno deve essere festa, sempre e comunque?

Ah... beato Collodi! Chissà come riformulerebbe le avventure di Pinocchio se le scrivesse oggi!!! Forse posterebbe su *Instagram* un *selfie* del paese dei balocchi!

Tuttavia, lasciamo ad altri le facili demonizzazioni e riconosciamo che la vita ha le sue fatiche. E che, in verità, basta poco per farci gioire o, viceversa, per buttarci giù. Eppure, siamo noi che illuminiamo la nostra vita, scegliamo la gradualità dell'azzurro con il quale leggere il presente, osservando attentamente il tramonto di ogni giorno per fermare il tempo quando siamo nel punto più alto, in quell'unico punto senza ritorno che ci unisce al cielo in un abbraccio strettissimo. Ed è proprio questa la sana relazione con noi stessi, con gli altri e con Dio, che ci fa vivere con la gioia di chi dice "posso" con continuità e senza avvertire il bisogno di eccedere.

Il sorriso e, soprattutto, la capacità di volerlo donare, di esserci per l'altro, può essere il segreto per uscire dall'isolamento formato da tanti assembramenti umani dei quali facciamo parte e nei quali non si comunica davvero e in pienezza. E Dio solo sa, quanto invece avremmo bisogno di intenderci pienamente con il nostro prossimo! Lo sballo diffuso evidenzia proprio una disperata esigenza e, ad un tempo, ci avverte che, ahinoi, stiamo sbagliando

indirizzo! E, dunque, cari giovani, riprogrammiamo il navigatore della nostra vita verso mete fantastiche, perché lo sballo passa, l'amore no!
Ecco il male ed il rimedio assieme: imparare ad amare! Ed invece siamo arrivati al punto nel quale eccedere non solo è consentito, ma è addirittura consigliato! Ragazzi, sono giovane anch'io e non si tratta di essere né bigotti, né tantomeno dei romanticoni sdolcinati, ma persone che, coi piedi ben saldi sulla terra, si fanno cercatori di senso, critici al punto giusto e carichi di passione per quello in cui credono. E, per questo motivo, sono disposti a qualche sacrificio pur di dire un grande SI alla vita!

30 Differenziarsi differenziando

Gennaio 2015

"Un testo anonimo della tradizione afferma che, nel corso della propria esistenza, ogni essere umano può adottare due atteggiamenti: Costruire o Piantare. I costruttori possono dilungarsi per anni nei loro compiti, ma arriva un giorno in cui terminano la propria opera. Poi ci sono quelli che piantano: talvolta soffrono per le tempeste e le stagioni, e raramente riposano. Ma al contrario di un edificio, il giardino non smette mai di svilupparsi. Esso richiede l'attenzione continua del giardiniere ma, nello stesso tempo, gli permette di vivere una grande avventura. I giardinieri sapranno sempre riconoscersi l'un l'altro, perché nella storia di ogni pianta c'è la crescita della Terra intera." (P. Coelho).
Dio disse: "Sia la luce!". E la luce fu... Invece, l'uomo disse e continua a dire senza alcun costrutto, edificando a chiacchiere. Poi, però, c'è anche chi pianta e crede così tanto nella crescita della terra che ne fa un progetto concreto: è il Palermo16, che non è un numero civico, ma un gruppo scout della nostra comunità redentorista *SS. Ecce Homo* di Palermo. Che cosa stanno piantando questi ragazzi con le braghe corte ed il fazzolettone?

Impiantano la raccolta differenziata dei rifiuti nel loro quartiere. Eh già, perché della salvaguardia dell'ambiente come valore sanno già tutto. Ora è tempo di sensibilizzare il quartiere Uditore nel quale vivono a "differenziarsi, differenziando", come dicono loro.

Forse le chiamano periferie quasi per giustificare l'assenza di attenzione al territorio, dove regna il degrado, a partire da quello ambientale. Ebbene, i nostri ragazzi non ci stanno! Coraggio, gradualità e concretezza: questa la loro ricetta, tutta replicabile in altre "cucine d'Italia". I nostri scout sono partiti da una accurata indagine statistica, dalla quale è emersa una buona disponibilità a fare la raccolta differenziata dei rifiuti, ma anche una difficoltà sul come e sul dove. Il maggiore ostacolo si presenta strutturale: le isole ecologiche sono troppo distanti e collocate per lo più al centro città. Non basta sensibilizzare, occorre smuovere le istituzioni: ecco dunque un *flash mob* (un assembramento improvviso di un gruppo di persone in uno spazio pubblico per svolgere un'azione insolita) e, soprattutto, una attenta raccolta di dati presentata alla Circoscrizione.

Come Davide che sconfigge Golia, sono riusciti ad ottenere una dichiarazione pubblica e i primi passi verso l'istallazione di cassonetti per la differenziata. E per continuare a sensibilizzare, una bella festa di quartiere ci sta tutta! Senza illudersi, sia ben chiaro, perché il rischio che i politici dimentichino le promesse è altissimo e allora bisogna tenere alta la guardia. E così, negli stand allestiti nel parco del quartiere, si insegna a creare qualche oggetto utile proprio utilizzando materiale di riciclo. Dunque c'è anche questo nel quartiere Uditore di Palermo, tristemente noto per essere stato il luogo di cattura del famigerato boss di mafia Totò Riina. Grazie a questi giovani, c'è una foresta che cresce e che vuole far rumore, vuole farsi sentire, perché c'è e vuole raccontare la sua avventura fatta di speranza certa, perché il suo presente fa storia.

Credo che sant'Alfonso, ansioso di andare verso i più abbandonati, sarebbe orgoglioso di questi piccoli grandi uomini, che vivono la fatica del chinarsi per piantare. Ma quanti frutti! Pertanto, ragazzi, imitiamone lo zelo!

31 Farmi ibernare? Manco morto!!!

Febbraio 2015

"Per tornare alla gioventù non c'è che da ripeterne le follie" (Oscar Wilde, Il ritratto di Dorian Gray).
E voi? Quali follie siete disposti a fare per restare giovani?
Il Dorian Gray di Oscar Wilde stipula un patto col diavolo, e voi? Intanto, fuor di metafora, chi di voi ama il freddo? No, non quello da alta montagna, ma quello a 196 gradi sotto lo zero! È, questa, la temperatura esatta dell'azoto liquido nel quale sono immersi i corpi per essere ibernati! E sempre questo è il prezzo dell'eterna giovinezza, quello pagato da chi si fa congelare nella speranza che, al risveglio, la scienza abbia scoperto tecniche di rianimazione ad oggi sconosciute. E non è una storia fantasiosa, ma la fredda cronaca dei nostri giorni. Così, ci sono davvero quelli che sperano che la morte sia solo una parentesi, un lungo inverno verso una primavera per ora solo sognata. Al momento, duemila defunti in tutto il mondo hanno scommesso sulla possibilità che tra chissà quanti anni la scienza possa riportarli in vita, Tuttavia, l'ibernazione è una tecnica davvero complessa di conservazione e ancor più lo è il riportare in vita un corpo. Ma di quest'ultimo aspetto se ne occuperanno altri, un giorno. Al momento, comunque, nessuno è stato ancora fatto risorgere.
"Quant'è bella giovinezza, che si fugge tuttavia..." recitava Lorenzo il Magnifico e, dunque, come restare per sempre giovani? Anche se... mi chiedo e vi chiedo: è proprio necessario?

Seguitemi: per alcuni la giovinezza è un'età orribile, fatta di complessi e della fatica del crescere, del desiderio di essere subito grandi. Tuttavia, una volta superate le crisi adolescenziali e apprezzati i benefici della giovane età, si tenderà a rimpiangere i "migliori anni della nostra vita per sempre". Il tempo fugge e si passa ben presto dal "voglio diventare grande" al "ti ricordi, quando eravamo piccoli" pronunciato con più di un pizzico di nostalgia. E, così, può insorgere prepotentemente l'incanto dell'eterna giovinezza, il desiderio di sopravvivere ai propri cari fino a sentire quella sete di infinito che davvero è in ogni uomo e che può sfuggire di mano ed estremizzarsi. Fino a diventare un'ossessione dettata dalla sproporzione e dal capriccio.

Per noi mortali, e paradossalmente felici di esserlo, l'elisir di lunga vita è maturare per trattenere il meglio dell'essere giovani: il sogno, l'amore e anche la follia che lo stesso amare porta con sé.

C'è una giovinezza fisica donata dalla natura e una dello spirito, che va conquistata, cari ragazzi. Vivere il presente, col retrogusto di possibilità e di potenzialità: questa è giovinezza! Questa consapevolezza dispiega la bellezza della propria storia. Essere eterni non è avere un numero spropositato di anni, ma lasciare un segno così forte, tanto da rendere migliore chi verrà dopo di noi.

Che splendida avventura la vita, sempre degna di diventare un romanzo, specialmente quando il tempo è vissuto in pienezza e non in quantità!

32 Giustizia fai da te? Ahi, ahi, ahi!

Marzo 2015

"Piango sulle nostre vite, due vite violentate" (Francesco Califano - Io non piango).

Accade che la giustizia non possa seguire il suo corso, perché il processo si celebra frettolosamente in pochi minuti. Lo sa bene Graziano Stacchio,

benzinaio del basso vicentino: realizza che una banda armata sta assaltando a colpi di mazza la vicina gioielleria e, preoccupato per l'incolumità della commessa, imbraccia il fucile e spara in alto per spaventare i malviventi. Tuttavia, i cinque rapinatori decidono di rispondere al fuoco. Di rimando, lo Stacchio spara nuovamente, ma stavolta mirando alle gambe. Il commando cambia idea e decide di scappare. Tuttavia, uno dei banditi, il nomade 41enne Albano Cassol, non fa in tempo: viene colpito e muore dissanguato.
Messo di fronte alla tragedia di aver posto fine ad una vita umana, Il benzinaio si difende così: "Ho mirato alle gambe, non volevo uccidere. Volevo solo difendere una ragazza che ha l'età di mia figlia". Tutto il paese si schiera con Graziano Stacchio, che viene definito un eroe. Questo non lo esime dal venire accusato d'ufficio per eccesso di legittima difesa. Ma per lui, comunque, c'è anche la riconoscenza del gioielliere, che gli mette da subito a disposizione i suoi avvocati per la difesa. Lo stesso gioielliere si preoccuperà di chiudere il negozio, perché ormai sopraffatto dalla paura e dalla rabbia. Intanto, la famiglia del Cassol è pronta a citare il benzinaio per danni.
Questa storia è destinata a generare nuovi capitoli, ma a noi già da ora nascono abbastanza domande sul senso della giustizia e sui malintesi che si creano. Farsi giustizia da soli è davvero inevitabile? È questo il consiglio da dare ai nostri giovani? Anche se sa di poco, la risposta è: dipende! Già, ogni circostanza ha le sue possibilità concrete, così come ogni coscienza ha il suo senso di responsabilità.
La sete di giustizia è più che legittima, ma rischia di dover placare gole fin troppo arse: basta e avanza la violenza efferata nei film e nei giochi e videogiochi. Non sdoganiamo soluzioni *prêt-à-porter*! Lasciamo il Far West lì dov'è, confinato nelle nostre fantasie da adolescenti! E non dimentichiamo che alla guerriglia in strada, seguono i doverosi processi in Tv ... con tanto di spettacolari urla e di plastici del luogo che danno tanta parvenza di giustizia! Santa complessità! Se l'accogliamo, scopriamo che la vera conquista sono i

valori. Armati fino ai denti dei nostri valori, possiamo puntare in alto, e non a quel vacuo tutto e subito che ci prospetta il giustizialismo fai da te!
Stacchio e Cassol, due vite violentate! Certo, in modo diametralmente opposto! Due vite, innanzitutto, da rispettare a prescindere! "Io sto con Stacchio", è stato scritto nella fiaccolata a suo sostegno! E come non sostenere il suo coraggio? Noialtri, però, lasciamo che siano le indagini a dire se c'è stato o meno eccesso di legittima difesa.
Nel frattempo, non resta che guadagnare il porto d'armi della maturità (con la fatica di ogni giorno, una scelta dopo l'altra, radicati nel bene comune) e saperlo testimoniare e insegnare ai nostri giovani. Il coraggio si prende dai sogni che restano, nonostante quelli che muoiono.

33 Le ragioni del loro sorriso

Aprile 2015

"È fantastico come una persona possa passare dall'essere un estraneo ad essere la ragione del tuo sorriso" (dal web).
Una volta si diceva datemi un punto d'appoggio è solleverò il mondo, oggi possiamo ben dire: datemi una webcam e vedrai quanti "mi piace"! L'autorità tradizionale sembra essere in declino, mentre acquistano autorevolezza perfetti sconosciuti. Si chiamano *youtubers* o video *bloggers*: opinionisti improvvisati su internet che fanno della spontaneità il loro successo, entrando nei cuori nei giovani. Se una volta alla parola "diario" seguiva l'aggettivo "segreto", oggi abbiamo più *webcam* che piante ornamentali e, a costo zero, apriamo un canale o un blog per dire la nostra a tutta la rete!
Altro che "l'ha detto la televisione!" Da *Daniele doesn't matter* a *Francesco Sole*, passando per *Ipantellas* e *Yotobi*: questi sono soltanto alcuni esempi di illustri sconosciuti che, in tempi record, i social network hanno trasformato in guru! E che oggi mietono *followers* (seguaci) pronti a diffonderne i video sui

social network! Li accomuna spesso un singolare modo di salutare, una cifra stilistica semplice e chiara, qualche slogan e poi tanta, ma davvero tanta, simpatia. Per la serie, non ho capito cosa vuoi dire, ma… lo dici così bene!!!
Questa ritualizzazione dello spasso, scalda il cuore e persuade la mente, scalando le vette dei riferimenti autorevoli per i giovani. *Youtubers* e video *bloggers* fanno scuola tra i giovani, certamente non in virtù di chissà quale genialità, ma… di sicuro non annoiano! E le classiche agenzie formative super titolate, cioè la famiglia, la scuola, la chiesa… che cosa sono destinate a diventare?
Forse, a furia di combattere l'autorità, ci si è trovati disarmati, come in un grottesco gioco del domino nel quale i genitori criticano il maestro che critica il catechista che, a sua volta, critica i genitori. E, così, mentre le tradizionali guide si delegittimano vicendevolmente, ci si fa bastare la conoscenza emozionale e da intrattenimento che il web offre in abbondanza. E non solo. E già, perché ci saranno anche dei meriti nascosti in questi guru: la semplicità di una camera in disordine che si fa contesto, la follia di un linguaggio che sa di libertà e… tanto altro che sfugge a noi "diversamente giovani".
Che poi, diciamocelo, se solo si prova ad addentrarsi nel mondo dei ragazzi, si scopre certamente il loro (urgente) bisogno di essere affiancati da adulti che facciano solo gli adulti, senza accanirsi nel sembrare adolescenti. Cari *followers* della Famiglia Redentorista, anche il saper perdere tempo con i giovani paga! Lasciamo che i giovani non ci dicano subito che siamo persone autorevoli ai loro occhi. Un giorno forse verrà il sentirsi dire grazie: ora è tempo di semina e non di mietitura. Come seminare? Con forte autocritica, con nuovi metodi e linguaggi, con tanto ascolto, con mille tecniche e una valigia piena zeppa di valori, da consegnare e aiutare a portare!
E poi non disperiamo! Abbiamo da prender spunto da un settantottenne speciale, quel papa Francesco che concilia alla perfezione autorità e autorevolezza, conquistando i giovani, a suon di parole sante e anche… di qualche *selfie*!

34 Al di qua del polo nord

Maggio 2015

"Non lo sai che quando sorridi è un attimo. E così i pensieri più tristi svaniscono. A che serve farsi la vita difficile se alla fine è già complicata così com'è" (Neffa, cantautore).

Le chiacchiere stanno a zero: complicato è più bello! È questa la particolare ricetta della felicità seguita da Alex Bellini, esploratore noto per le sue imprese estreme condotte per mare. Andare a vivere su di un iceberg è oggi per lui solo l'ultima di una lunga serie di avventure! E noialtri giovani, che cosa sappiamo di felicità? E, soprattutto, contaminiamo luoghi e persone con la nostra gioia?

Attenzione: non si tratta di rispondere teoricamente, come al compito in classe di italiano, ma soltanto di ripensare al nostro modo di stare al mondo!

Alex Bellini si definisce un avventuriero. Negli ultimi dieci anni ha corso per più di 23mila chilometri, ha remato in solitaria e continua a esplorare la natura, anche quella umana, perché vivere su di un iceberg è anche un viaggio dentro se stessi. Lui stesso afferma: "Quando ho deciso di diventare un avventuriero, volevo solo soddisfare il mio bisogno interiore di movimento. Poi ho capito che non è quello che faccio che conta, ma cosa provo mentre lo sto facendo".

Certo, dietro la sua sfida ci sono anni di preparazione, tanta tecnologia e anche tanti sponsor disposti ad investire sulla sua impresa per porre sotto i riflettori anche i pericoli del riscaldamento globale e dello scioglimento dei ghiacciai...

Tuttavia, senza la motivazione più profonda, senza la speranza di raggiungere la felicità, neanche con la fantasia si fanno certi viaggi!

Per noialtri, che siamo al di qua del Polo Nord, accanto a tanta curiosità e ad un pizzico di invidia per queste imprese titaniche, c'è la nostra quotidianità da amare.

Suvvia, ammettiamolo: spesso (soprav)viviamo senza quella consapevolezza bella di una felicità che già c'è e che dà colore a tutto.
Ne volete subito una prova? Fate scoccare dentro di voi questa freccia/ domanda: che cosa provo in questo momento? Ebbene, sappiate che, riuscirete a far centro soltanto cogliendo il seme o il campo sterminato di felicità che è in ciascuno di noi e dal quale, poi, scaturisce fisiologicamente il grazie.
Tuttavia, mica finisce qui! Poi, infatti, bisognerà far crescere il seme e mietere il campo! L'avventuriero Alex Bellini ci prova sfidando la solitudine ed il freddo e rispondendo alle centinaia di emergenze possibili, prima tra tutte il ribaltamento dell'iceberg sul quale ha deciso di vivere e che, intanto, va alla deriva! E voi, come vi mettete in viaggio verso la felicità?
Se convenite sulla presenza della felicità, allora avete anche sperimentato che il massimo è donarla e condividerla in modo virale e senza freni!
Non dimentichiamo mai, infatti, che la felicità abbonda quando siamo certi di essere amati e di poter amare. E quando non ci lasciamo imporre da nessuno ruoli, atteggiamenti e scelte! La felicità è un binario, fatto di consapevolezza e libertà, sul quale dobbiamo correre a rotta di collo, senza voltarci indietro, con la forza di sapere che, in fin dei conti, la felicità è possibilità.
Dunque, non fermiamoci in stazione, quel treno che attendiamo siamo noi. Grazie a Dio e grazie ai fratelli, potrà moltiplicarsi solo quella felicità che sceglieremo di far viaggiare con noi. Quando tutto questo si fa storia e conoscenza che passa dal cuore, non ce ne voglia il buon Alex, ma l'iceberg lo sciogliamo con la primavera che portiamo dentro!

35 Te lo do io il riot

Giugno 2015

"Chi risparmia il bastone, fa il figlio birbone" (proverbio piemontese).

Questo proverbio sfida ogni latitudine, oltrepassa l'oceano e approda in grembo all'americana Toya Graham. L'aver schiaffeggiato in mondovisione il figlio birbone, ha reso Toya la mamma più famosa degli Stati Uniti.

Negli ultimi mesi, le manifestazioni contro la violenza razziale a Baltimora, sono diventate vere e proprie rivolte (riot) con scontri a fuoco tra la polizia e gli afroamericani. Toya ha riconosciuto il figlio sedicenne tra i partecipanti proprio di uno di questi cortei e si è fiondata a recuperarlo prima che la protesta degenerasse. "Vieni subito via da lì", ha intimato al figlio, ma si sa che le parole di una mamma sono presto disattese e, ancor prima di aver finito la frase, per persuaderlo ha fatto ricorso a tante sberle ben assestate! Seppur in perfetta tenuta da guerriero Ninja, il ragazzo non ha neanche provato a difendersi: da lupo si è fatto agnello in men che non si dica, si è tolto la maschera, ha chinato il capo e ha fatto dietrofront. La donna ha poi spiegato le ragioni del suo gesto: salvare il figlio da altre bastonate, quelle della polizia, troppo spesso fatali a Baltimora. Le più buffe legnate di mamma Toya sono poi diventate virali sul web assurgendo, così, ad una notorietà planetaria. Ed ora l'opinione pubblica è divisa: Taya è una grande madre e va proposta come modello educativo, oppure va accusata di reprimere la libertà del proprio ragazzo?

In ogni caso, è senz'altro lecito chiedersi: meglio il rigore o l'accondiscendenza? "Mazza e panella fanno 'e figlie belle, panella senza mazza fanno 'e figlie pazze"? La virtù è nel mezzo, siamo d'accordo. Tuttavia, siamo certi di sapere se debba avere la forma di un bastone o di una carota? Dipende! Senza dubbio i tempi sono cambiati: oggi c'è il "telefono azzurro" e la "mamma-antisommossa" è soltanto un'eccezione. D'altra parte, se è vero che lasciar toccare il fondo è una opzione educativa, non si può chiedere ad

una madre di restare a guardare! Anzi, mamma Toya sembra dire: “ti difenderò da tutto, anche da te stesso”. Ed in questo senso, quei manrovesci sono carichi di protezione verso il suo cucciolo impazzito. Perché ciò che conta, cari genitori, è essere accanto ai figli... non per stirare e lavare la tuta nera da indossare per le manifestazioni e né tantomeno per indottrinarli in un buonismo da bamboccioni. Solo una continua ricerca del (loro) bene unita ad una sana riflessione familiare potrà essere d’aiuto, magari per prevenire senza che poi si debba ricorrere a repressioni. Eppure, quella mamma era nel posto giusto al momento giusto: l’esserci fa la differenza!
Spesso, con *nonchalance*, dispensiamo consigli mordi e fuggi per i figli degli altri, dimenticando che l’alchimia dell’accompagnare per far crescere investe tutti ad ogni età. Le sfide dei figli impongono ad ogni passo la maturità dei genitori e, quando mamma e papà sono assenti, è ingiusto dare la colpa alle sole giovani generazioni. O cresciamo tutti o non cresce nessuno! Poi, bando ai moralismi: ci pensate al ragazzo, costretto a tirar giù la maschera (in tutti i sensi) davanti al mondo?! Per dirla con El Perich, umorista spagnolo, “crescere un figlio richiede molta pazienza. Soprattutto da parte del figlio”.

36 Attenti al lupo!

Settembre 2015

“Un nonno molto attempato stava insegnando il vivere la vita ai suoi undici nipotini. Egli disse loro: “Dentro di me infuria una perenne lotta senza esclusione di colpi fra due lupi feroci. Un lupo rappresenta la paura, la rabbia, l’invidia, il mentire e l’egoismo. L’altro lupo rappresenta invece la gioia, la pace, l’amore, la speranza, la compassione. La stessa tragica lotta si sta combattendo dentro di voi mentre vi parlo e anche dentro ogni altra persona su questa terra”. I nipoti rifletterono a lungo su queste parole, poi il più grande

di essi chiese impaurito: "Quale dei due lupi vincerà?". L'anziano rispose semplicemente: "Quello che nutri". (Anonimo).

È proprio vero il proverbio: "Un padre mantiene otto figli, ma otto figli non mantengono un padre!". Quanto sarebbe bello parlare dell'eccezione che conferma la regola! Invece... la cronaca racconta che due figli hanno risposto picche al padre ottantenne che aveva chiesto un obolo di circa ottanta euro al mese per integrare la sua pensione pari a seicento euro. Questo anziano genitore spende trecento euro per il fitto dell'abitazione nella quale vive e gliene restano altrettanti per tirare avanti un mese intero. Così ha pensato bene di chiedere aiuto ai figli enunciando pressappoco così le proprie ragioni: "Vi ho mantenuti per una vita e vi ho dato una posizione, ora sono quasi alla fame. Aiutatemi voi". Ebbene, ci credereste? È stato tutto vano!

Ed allora, così come ad un bambino che fa i capricci non gliela si dà vinta, allo stesso modo l'anziano papà ha deciso di andare fino in fondo: si è rivolto ad un avvocato per adire le vie legali confidando nella sentenza del tribunale. Dunque, chiederà gli alimenti ai suoi figli dimostrando la propria indigenza!

Ottanta euro, ottanta anni... Troppi otto e troppa fame... Eppure, è sufficiente inclinare la cifra otto per ottenere il simbolo dell'infinito. E trovarsi davanti agli occhi la verità: infinita dovrebbe essere la riconoscenza dei figli verso il proprio padre ed infinita dovrebbe essere la gara fra questi due figli per onorare il genitore che li ha cresciuti e pasciuti. Ha proprio ragione il poeta Eugenio Montale nel chiedersi (e chiederci) se "forse solo chi vuole s'infinita"!

In questa vicenda che vi sto raccontando, però, forse non è recepito neanche il comandamento "Onora il padre e la madre". Speriamo lo sia almeno la legge dell'uomo che, per quanto perfettibile, difende i più deboli. Eppure, l'amore e la riconoscenza non vanno fatte valere in tribunale, non devono essere il frutto di una agguerrita battaglia legale. La riconoscenza, cito dal dizionario, prende il via da un "ricordo affettuoso di un beneficio ricevuto, col desiderio di disobbligarsi rendendo il contraccambio".

Dunque, facciamo memoria di quanto abbiamo ricevuto e riconosciamo gli affetti vitali e inalienabili che ci costituiscono: potremo così riattivare la capacità di donare. E il (nostro) lupo buono crescerà a dismisura, perché avrà imparato a ricevere senza resistenze, apprezzando e gustando il cibo delizioso dell'amore. Quel lupo avrà imparato il cuore della riconoscenza che è nel prezioso principio evangelico: *"gratuitamente avete ricevuto, gratuitamente date!"* (Mt 10,8).

37 Lo scatto in avanti

Ottobre 2015

"Magari qualcosa, una moneta che cade, un piccolo braccialetto che si impiglia alla maglia di qualcuno, uno scontrino che scivola via, cambia il destino di una persona. E quella persona, per un piccolo, banalissimo gesto, non farà più le stesse cose che avrebbe fatto invece se quel gesto non si fosse verificato. E la sua vita prende un altro binario. Magari per sempre. Magari per un po' soltanto. Chissà." (Stefano Benni, scrittore).

Magari il qualcosa del quale scrive Stefano Benni, ha dietro un qualcuno che scatta una foto, la pubblica sul web e fa scattare una raccolta fondi.

Gissur Simonarson, attivista islandese, è nel traffico di Beirut e, per quanto possa essere comune incontrare un venditore di penne, l'immortala con il suo obiettivo e riesce con la sua foto a comunicare tutto il suo stupore ed a provocarlo in quelli che osserveranno. Quel venditore si chiama Abdul Halim Attar, un rifugiato siriano scappato da un campo profughi libanese. La figlioletta Reem dorme sulle sue spalle e lui ha in una mano un sacchetto e nell'altra qualche penna biro che offre agli automobilisti. Nel volto ha la disperazione dignitosa e scura come quel sacchetto. Anche Giussur ha una figlia di cinque anni. E, così, dall'iniziale stupore, nasce la compassione ed un *tweet* allegato all'immagine, nel quale Giussur si limita a descrivere: "Padre siriano vende penne per le strade di #Beirut con la figlia addormentata #Lebanon #Syria".

Poi, appena rientrato in Norvegia, Gissur avvia il *crowdfunding* sul sito Indiegogo, ossia una racconti fondi via internet. Gissur pensava con quest'iniziativa di poter assicurare al padre e alla bambina il necessario per vivere, ma il popolo del web ha donato molto di più: i 126 mila dollari auspicati sono stati superati in appena 48 ore!

Beh, è proprio il caso di dire che lo stupore è contagioso: alla notizia dell'inaspettato successo della raccolta fondi, la reazione di Abdul è sorprendente. Piange dall'emozione e dichiara: "Di questi soldi userò per me solo una parte. Quanto basta per garantire un futuro ai miei bambini. Gli altri devono servire per costruire scuole per i piccoli rifugiati. Garantire un futuro anche ad altri bambini in fuga dalla guerra come i miei!".

Tutto questo è stato possibile grazie al *crowdfunding*, un parolone quasi impronunciabile che significa finanziamento collettivo. Si tratta di una innovativa forma di microfinanziamento dal basso. Tantissimi progetti e cause nobili non avrebbero avuto seguito senza questa forma di raccolta fondi che si diffonde e si alimenta tramite appositi siti internet. Importanti restauri architettonici e tantissime altre nobili cause sono state e vengono tuttora sostenute grazie a questo sistema capace di mobilitare un numero smisurato di persone e di coscienze.

Possiamo ben dire che i doni autentici non esauriscono il loro potere dopo essere stati donati, ma si moltiplicano. Nella logica evangelica, il pane spezzato e donato si moltiplica sfamando una moltitudine di gente (cfr. Gv 6). Quando l'onda dello stupore tocca i cuori orientati al bene, possono generarsi maree senza precedenti!

Dunque, lode all'*hashtag* (cioè, al cancelletto # che funge da etichetta) e agli strumenti informatici? Anche! Ma soprattutto lode all'uomo capace di meravigliarsi e di meravigliare, capace di chinarsi con dedizione anche a quelli che gli passano accanto per vendere penne! Ripartiamo dal *progetto uomo*, che ha bisogno sempre più di umanizzarsi e di testimoniare che il meraviglioso incanto del bene è sempre possibile!

38 Ciak si gira … con lo smartphone!

Dicembre 2015

"Forse non si desiderava tanto essere amati quanto essere capiti" (George Orwell, scrittore).

Essere capiti: lo desiderano tanto gli alunni, quanto i loro genitori, Per non parlare dei professori! Tuttavia, ognuno adduce ragioni simmetricamente opposte. Succede alla scuola "Mario Costa" di San Francesco al Campo (siamo in provincia di Torino), nella quale ben ventidue alunni di seconda e terza media vengono sospesi per aver fotografato e filmato di nascosto alcuni insegnanti durante le lezioni e per aver, quindi, diffuso le immagini carpite. Dunque, tolleranza zero da parte dell'istituzione scolastica. La sanzione: sospensione di un giorno per otto ragazzi, ritenuti i maggiori responsabili, e di alcune ore per i restanti quattordici con obbligo di frequenza per (re)imparare ad usare correttamente lo smartphone. I loro genitori, però, si fanno agguerriti avvocati e nell'arringa invocano clemenza, definendo la punizione "troppo severa e inappropriata". A sua volta, la preside si difende dicendo: "Sono punizioni severe, è vero, ma era giusto dare un segnale importante e fermarli prima che il fenomeno dilagasse".

Ma di quale fenomeno straripante stiamo parlando? C'era una volta il televisivo "grande fratello" e le telecamere erano confinate all'interno di una determinata casa. Oggi sono ovunque. Inoltre, sembra ci siano più smartphone che persone e, dunque, anche chi non frequenta i *social network*, rischia di avere visibilità in rete grazie a qualche foto o filmato rubato. In questo senso, la scuola è tutt'altro che un'isola felice: riprendere l'insegnante a lezione è facilissimo e, soprattutto, rappresenta una ghiotta occasione, aihnoi, per sbeffeggiarlo! Se per Archimede il cruccio era: "Datemi un punto d'appoggio e solleverò il mondo!", per molti giovani sembra esser diventato: "Datemi un cellulare e farò *selfie* col mondo!".

I giovani del '68 volevano cambiare il mondo, quelli di oggi vogliono solo fotografarlo: meglio, poi, se mostra il volto più decadente e fallimentare. Certo, da sempre i prof sono stati i più imitati e derisi. Oggi questo avviene con un filmato rubato, che è prezioso perché sottratto, che è ironico perché vietato, come un volto senza trucco. È bene, però, non perdere il senso del limite. In questa vicenda di cronaca, invece, il caos sembra essere imperante: siamo al tutti contro tutti. Come uscirne? Col dialogo vero, col desiderio sincero di incontrarsi, nella consapevolezza che la miglior guerra è quella che non si combatte.

E, allora, cari genitori sappiate che i valori non vanno in prescrizione, anche quando appaiono fuori moda. Qualche no detto ai vostri figli, li aiuterà a crescere. E voi, cari prof, cogliete l'occasione per insegnare che affetto e misericordia genitoriali non devono giustificare tutto, ma elevare il tenore di certe discussioni, spegnendo ripicche e provocazioni.

Il mondo ha bisogno più che mai di imparare l'arte del dialogo, l'arte del bene fatto a più mani ed in nome non di un interesse di parte, ma sempre in vista del bene universale. Soltanto così l'essere amati e l'essere capiti si allineeranno, perché entrambi per sussistere hanno bisogno di complementarietà e reciprocità.

Il *selfie* più bello che vorremmo vedere, dunque, è quello che ritrae scuola, famiglia e chiesa, tutte dalla parte dei giovani. Allora siete pronti? Dite "*cheese*"!

39 A ciascuno il suo…tetto!

Gennaio 2016

"La mia indipendenza che è la mia forza, implica la solitudine che è la mia debolezza" (Pier Paolo Pasolini).

L'indipendenza è a volte un muro. Nel nostro caso quattro: quelle delle mura domestiche! A New York nasce la prima palazzina per single: per chi è stanco di dividere l'appartamento con altri (spesso sconosciuti), ora c'è Carmen Place a Manhattan. Si tratta di 55 cubicoli, ciascuno grosso modo di trenta metri quadri, per i quali in 60 mila (!!!) hanno già fatto richiesta. Sembra, allora, che gli affittuari saranno estratti a sorte.

I fortunati, che dovranno comunque versare un canone mensile pari a 950 dollari, potranno ben dire di fungere da cavie di un esperimento pilota diretto a soddisfare un nuovo stile di vita, per il quale la privacy è la priorità. Nel micro appartamento deve entrare di tutto: letto, tavolo e sedie, cucina e bagno con doccia.

Certo non è il primo, né tantomeno sarà l'ultimo monolocale della storia, ma questa è addirittura una palazzina studiata ad hoc per esaudire il sogno e modello della persona sola ad oltranza!

Sembra che il caro vecchio adagio "meglio soli che male accompagnati" diventi allora progetto concreto ed offerta appetibile rispetto alla quale gli architetti si sono presto sintonizzati traducendola in una (dis)soluzione abitativa. Gli americani (che spesso annunciano nuove tendenze) chiedono dunque maggiore indipendenza? Chissà che non sia invece una nuova povertà che emerge timidamente, camuffata da moda!

Bisogna essere onesti: moda o non moda, alveare o casa, Carmen Place permette ai meno abbienti di vivere nell'esclusiva Manhattan. Ma a quale prezzo? Si rincorre la carriera, il denaro, il risparmio ma per che cosa? O, meglio, per quale fine? Il contraltare della solitudine quanto costa al metro quadro? Quanto costa rinviare o rinunciare al sogno di una famiglia propria?

Dietro l'apparente indipendenza da conquistare c'è la logica non della vera libertà, ma del compro solo quello che oggi è in offerta speciale. Il rischio è, dunque, che ancora una volta degli altri decidano per me.
Forse è drastico pensare che nessuno sceglierebbe queste case alveare, se non per mera necessità! Diciamocelo: a Carmen Place, l'unica cosa che va secondo i piani è l'ascensore! Il resto è micro. Certo, ci sono il terrazzino in comune ed il balcone per evitare la claustrofobia. Ma tutto questo non equivale a condividere spazi per accogliere sul serio qualcuno nella propria vita. Qualcuno che non sia *low cost* come gli spazi, che non duri il tempo della sigaretta sul terrazzo comune!
Il rischio di queste soluzioni abitative può far diventare la logica del ripiego così endemica, così profonda, da convincere i giovani del dover/poter gioire a stare da soli. Eppure, mentre gli spazi si fanno micro, questa logica del ridimensionamento non si può applicare alle persone. È vero, bisogna imparare a star da soli, ma soltanto perché fa parte del tirocinio utile a capire che siamo fatti per la relazione, quella vera... Quella per la quale non si sta con gli altri solo perché ce n'è bisogno, ma per imparare la logica del dono, dell'amore, del tornare a casa sapendo che la priorità è lo spazio del cuore.
E lo spazio del cuore non solo è gratis, ma più ampio è, più è grande la propria felicità.

40 La magia della maturità

Febbraio 2016

"Mi ricordo benissimo dei miei undici anni: a quell'età si è del tutto impotenti. Ma i bambini hanno un mondo segreto che per gli adulti sarà sempre impenetrabile" (dalla copertina dei libri della serie Harry Potter).

Che sia un mondo di fantasia piuttosto che reale, che sia un mondo popolato anche da maghi e non solo da comuni mortali, ciò che conta è che orienti i giovani e li traghetti verso il cambiamento e, quindi, verso la maturità.

Ma quanto i personaggi di fantasia possono veicolare dei valori ai giovani? Intanto, permettono viaggi fantasmagorici, spesso agganciati ad un vero e proprio codice simbolico fatto di immagini e archetipi capaci forse di orientare quella metamorfosi che gli adulti a volte ancora inseguono e della quale i giovani hanno già fra le mani le coordinate (senza saperlo?!).

Una delle opere di fantasia più riuscite e apprezzate degli ultimi anni è certamente la saga di Harry Potter, frutto della scrittrice J. K. Rowling e ben presto diventata sinonimo di libri e film di successo. L'opera, ambientata nell'Inghilterra degli anni novanta, descrive le avventure del giovane mago Harry Potter e dei suoi migliori amici, Hermione e Ron. L'ambientazione principale è la *Scuola di Magia e Stregoneria di Hogwarts*, nella quale vengono educati i giovani maghi del Regno Unito.

In soli 10 anni l'intera serie ha venduto più di 400 milioni di copie. I libri sono stati tradotti in 77 lingue (anche in latino ed in greco antico!). La serie di film tratti dalla saga è stata la più remunerativa della storia di *Hollywood*, e l'opera nel suo complesso ha avuto e ha tuttora un impatto fortissimo sulla cultura popolare di tutto il mondo e, naturalmente, sui giovanissimi lettori e spettatori. Potremmo addirittura dire che li accompagna nel loro preminente cambiamento: la crescita e la conseguente maturità.

L'alchimia generata da questi contenuti produce non solo l'accettazione della fantasia e della poesia, ma consente di rapportare, attraverso la realtà romanzata, i propri desideri e i propri sogni alla vita di tutti i giorni. E, a questo proposito, nel romanzo vi sono continui richiami al sacrificio, alla donazione ed alla lotta con il lato oscuro che c'è dentro e fuori di noi. Tutti ingredienti insostituibili per convertire l'apatia, il pessimismo e l'arrendevolezza, in quell'energia, in quella speranza ed in quella resistenza che sono tutta un'altra storia!

Harry Potter, l'eroe della saga, lotta contro Lord Voldemort, *"colui che non deve essere nominato"*, e la spunta solo quando riconosce e accetta che un po' di quel male è come una cicatrice che l'ha contagiato.

Ciò che conta è solo non farsi vincere dalla paura. Eppure, la paura di pronunciare quel nome aumenta la paura stessa.

Allo stesso modo, quando i nostri giovani sono in grado di dare un nome alle trappole mentali, esistenziali ed emotive, è proprio in quel momento che decidono di crescere e di cambiare. Proprio allora l'incantesimo di riformularsi ha un effetto di senso e, dunque, di maturità. E, tutto questo, *"con la consapevolezza che non è importante ciò che si è alla nascita, ma ciò che si diventa"*, come sostiene il maghetto Harry.

Dunque, l'unica impotenza è sottrarsi all'amore. Chi ama vince la morte. A dircelo è la Sacra Scrittura, citata dalla Rowling.

Ed ecco che il mondo della magia, il mondo segreto, incontra la realtà dei valori e della fede. Quand'è così, ben venga il rifugiarsi ogni tanto nella fantasia, ma per affrontare meglio la mutevole realtà!

41 Va' dove ti portano le urla

Marzo 2016

"Il credente non è un arrogante; al contrario, la verità lo fa umile, sapendo che, più che possederla noi, è essa che ci abbraccia e ci possiede. Lungi dall'irrigidirci, la sicurezza della fede ci mette in cammino, e rende possibile la testimonianza e il dialogo con tutti" (Papa Francesco).

È proprio vero: al credente sono richieste la responsabilità nella vita della chiesa e la capacità di dialogo. Tuttavia, oggi il luogo del dialogo si sposta sempre più in là del confessionale, più in là del sagrato, fino a giungere nelle più grandi piazze. Fino a giungere, ad esempio, al Circo Massimo, dove i movimenti laicali, lo scorso 30 Gennaio, si sono dati appuntamento per difendere la famiglia ed il diritto dei bambini ad avere una mamma e un papà, dicendo no al decreto legge Cirinnà che prevede l'estensione dei diritti della famiglia anche ai partner dello stesso sesso.

Senza entrare nel merito, aleggia una domanda forte: porta frutti urlare slogan su di un tema così delicato? Manifestare è un modo opportuno per cercare la verità? E, soprattutto, al di là di questi momenti fortemente mediatici, in quale modo il credente vive la corresponsabilità di essere cristiano? Lungi dal fare retorica o ribadire ovvietà, lo stile di papa Bergoglio ha tanto da dirci in quanto ad armonizzazione di apertura e radicalità, innovazione e sana dottrina, misericordia e coerenza...

Non si tratta di mettere sul banco degli imputati i cristiani che scendono in piazza, ma di guardare a fondo se oggi viviamo davvero con corresponsabilità e coerenza la nostra risposta di fede!

Non esiste una morale da asporto o, peggio, imposta dall'alto: essa è sempre una proposta alla nostra coscienza. In questo senso, organizzare un *Family Day* in risposta (speriamo di no!) al *Gay Pride*, non ci porta da nessuna parte e, soprattutto, non è sufficiente per proclamarci impegnati nella chiesa!

L'invito ad annunziare sui tetti la buona notizia è di Gesù stesso, ma non è sufficiente! Accanto ad una comunicazione forte che si fa tutti insieme in piazza, affermando la non negoziabilità di alcuni valori, c'è una coerenza di vita che è chiesta alla famiglia di oggi e, dunque, via via, alla parrocchia e alle altre aggregazioni, fermentando (e non fomentando!) dal basso la nostra società.
Fare numero in un corteo, rafforza certamente l'identità e l'appartenenza di gruppo, ma è nella quotidianità delle scelte che si gioca la vera partita. E proprio questa quotidianità, purtroppo, racconta troppe volte di una scarsa partecipazione all'essere chiesa.
Il primo *Family Day* non può che essere vissuto all'interno delle quattro mura domestiche, testimoniando ai giovani con la forza di un dialogo che parte dall'ascolto delle nuove generazioni. E questo senza integralismi, minacce e arroganze.
Soltanto un atteggiamento improntato ad un umile realismo, può aiutarci a sollevare sulle nostre spalle quella distanza di valori che, spesso, ci separa dai nostri giovani. La loro deriva sulla concezione della famiglia, è la nostra deriva quali testimoni! Troppi slogan creano solo fumo! Ci tocca tornare attorno al fuoco (al focolare, magari!) sostituendo gli integralismi con la corresponsabilità gli uni degli altri. La comune umanità senza piedistalli è il primo ed autentico punto di incontro! Siamo sulla stessa barca! Ma è quella di san Pietro? Parliamone!

42 E voi che cosa avreste fatto?

Aprile 2016

"Questo misero modo tegnon l'anime triste di coloro che visser sanza 'nfamia e sanza lodo. [...] Non ragioniam di lor, ma guarda e passa" (Dante Alighieri, Divina Commedia).

Caro Dante non ce ne volere, ma vogliamo proprio ragionare di questi ignavi che vivono senza infamia e senza lode, ossia nell'indifferenza! Hai proprio ragione: sono persone tristi e propagano tristezza. Come riconoscerli per non imitarli?

Ebbene, uscendo dall'inferno dantesco ed entrando nel nostro caro web, scopriamo interessanti esperimenti sociali: si tratta di una sorta di scherzi a telecamera nascosta per verificare le reazioni della gente comune in situazioni imbarazzanti o delicate.

In uno di questi esperimenti, è stata simulata una caduta accidentale per strada di un senzatetto e di un uomo d'affari.

Indovinate chi la gente ha scelto immediatamente di aiutare? L'uomo in giacca, cravatta e borsa ventiquattrore, che viene soccorso da quasi tutti e subito! Diversamente, il senzatetto viene aiutato da pochissimi e solo dopo essere restato a terra un bel po'. Dunque, vien da chiedersi: l'abito fa veramente il monaco?

E soprattutto: voi, beata gioventù, come vi sareste comportati in questa situazione?

Questi filmati forse non indignano abbastanza, in fondo partono da una messa in scena. Tuttavia, le cronache della vita reale non mancano di sconcertare chi ha uno sguardo e un cuore allenati alla sollecitudine verso gli altri.

Così scopriamo, senza fatica, quanto è indifferente la classe politica che resta ferma al cinico gioco di potere dimenticandosi di soddisfare i bisogni dei cittadini che rappresenta. E scopriamo anche l'indifferenza dei mezzi di comunicazione quando si dimenticano di parlare di quattro suore uccise nello Yemen. Sono, quindi, indifferenti quei giovani inerti di fronte alla movida violenta che aggredisce un barbone di sabato sera.

Per non parlare del bullismo che fa dell'indifferenza la sua radice!

Ma poi, a ben guardare, la pura indifferenza esiste? O forse esiste solo il giudizio pressappochista, il voltare i tacchi e sparire, il chiudere gli occhi, il non volersi compromettere?

Nel libro dell'Apocalisse (3,15) c'è una pesante condanna degli atteggiamenti riconducibili a questa mancanza di carità: "Conosco le tue opere: tu non sei né freddo né caldo. Magari tu fossi freddo o caldo! Ma poiché sei tiepido, non sei cioè né freddo né caldo, sto per vomitarti dalla mia bocca. [...] ma non sai di essere un infelice, un miserabile, un povero, cieco e nudo".

Certo, la Parola di Dio rimprovera, ma offre anche tutti gli strumenti per rendere il nostro cuore docile e capace di ascoltare il grido di chi ha bisogno del nostro sguardo compassionevole.

Stiamo attenti! L'indifferenza è un parassita che ci invita a mettere da parte i valori ed il bene comune; è la materia bruta che strozza la nostra intelligenza e fa abdicare la volontà. Troppo spesso la usiamo come arma per difenderci da ciò che temiamo, rinunciando così a vivere in pieno la vita. Eppure, soltanto la passione e la partecipazione ci spingono al ben operare. E, badate bene, non c'è da attendere alcun buon samaritano!

A ciascuno la scelta di esserlo, superando pregiudizi e paure, perché il senzatetto da soccorrere per strada non è meno persona dell'uomo d'affari. Al di là dell'abito, è il sano senso di umanità che mi fa soccorrere l'altro, sempre! E che rende tutti noi più umani.

43 Questa scuola non è un albergo

Maggio 2016

"Trovate una persona che vi dedichi il suo tempo. Non le sue pause" (Anonimo).

Si possono cambiare i genitori? Pare di no! Eppure, molti bambini e ragazzi vorrebbero ritrovarsi dei genitori diversi, che dedichino loro del tempo e non soltanto delle pause. Eh già! E allora sentite questa: pare che il ritardo dei genitori nell'accompagnare i loro figli a scuola sia diventato un vizio incorreggibile tanto da costringere le scuole all'introduzione di piccole multe per ogni infrazione. Dunque, anche all'asilo arriva il badge e... guai ai ritardatari!!!

Accade nella scuola materna paritaria Pio X di Cadoneghe, cittadina vicino Padova. Il Parroco e il comitato di gestione della scuola sono giunti alla decisione di far timbrare il cartellino per dissuadere i genitori continuamente in ritardo nell'accompagnare i figli e nel riprenderli. Registreranno l'ora di ingresso e quella di uscita e, quindi, puniranno i trasgressori con una multa di cinque euro. "Non è una cifra altissima", precisa il parroco don Mirco De Gaspari, perché l'intenzione è unicamente educativa e non speculativa. "La scuola – spiega don Mirco - non supplisce alla baby sitter!". In questo modo si proverà a mettere un freno ai ritardi sistematici di mamme e papà perennemente impegnati tra casa e lavoro.

Eppure, per educare è sufficiente adottare un marchingegno? E, a dirla tutta, ancor prima bisognerebbe chiedersi: le scuole devono educare i figli o i loro genitori? Stando alle cronache, sembra che le immaturità dei grandi siano diventate stile di vita. Ed a rimetterci sono sempre e comunque i figli. Certo, l'alta competizione che si vive nel lavoro genera una tensione che sfocia anche in modi di fare arroganti suscettibili di mettere in discussione una delle ultime roccaforti istituzionali, la scuola per l'appunto. I figli, insomma, sono sempre più considerati un pacco da spedire giorno per giorno, come

testimonia ancora don Mirco: “Siamo arrivati all’estremo con un padre che, trovando il cancello chiuso, ha lasciato il bimbo in giardino oltre la recinzione e se n’è andato!”.
“*Tempus fugit*”, dicevano i latini! In questo caso (s)fugge a mamme e papà, ma non sfuggirà all’insensibile badge, che non guarderà in faccia a nessuno. D’altra parte, la timbratura sarà anche un’*extrema ratio* per arginare il problema, ma non è propriamente uno strumento di dialogo! Mentre i nonni ci raccontano che, se a scuola l’insegnante dava loro uno scappellotto, poi ne ricevevano due a casa, oggi la situazione si è ribaltata: le (legittime) aspettative di maestri e professori, si trasformano in mere pretese agli occhi dei genitori, pronti a dichiararsi vittime.
Sanzioni e controlli a volte sono inevitabili. Tuttavia, per dirla col nostro caro sant’Alfonso “chi si converte per via d’amore di Gesù Cristo Crocifisso, la conversione è più forte e durevole ... chi evita il peccato solamente per paura dell’inferno non è buon cristiano e non sarà mai santo”.
E per far vincere l’amore, serve più l’arte di accompagnare che quella di minacciare! L’augurio è che regga e resista il caro vecchio incontro scuola-famiglia, fatto di dialogo e di progetti educativi convergenti e condivisi.

44 Se potessi avere mille like al mese

Giugno 2016

“Ciascuno di noi ha più qualità di quel che non si creda, ma solo il successo le mette in luce” (Marguerite Yourcenar).
Stando le cose così come brillantemente illustrate dalla famosa scrittrice francese, non ci resta che mostrare tutte, ma proprio tutte, le nostre qualità! E le piazze virtuali, o per meglio dire i social network, ci danno una bella mano. Qui non solo il successo è assicurato, ma è anche misurato! L’unità di misura è rappresentata dai *like*, dai mi piace, dai commenti e dalle condivisioni dei

contenuti pubblicati sul proprio profilo. Sarà anche virtuale, ma internet è capace di impigliare e avviluppare i nostri giovani, sedotti dalla possibilità di acquisire consensi a buon mercato. Tuttavia, qualcosa è sfuggito di mano, perché sui social non si gareggia a far crescere le proprie qualità, ma la quantità dei fan. Per correre ai ripari, qualcuno ha anche messo a punto un'applicazione che fa scomparire la numerosità dei *like* dalla visualizzazione on line, sì da fare in modo che la competizione diventi non numerica ma di giudizio. Dunque, un social per apparire e un'*app* per scomparire. Sembra un gioco di magia, ma è solo il timido, e forse mal riuscito, tentativo di difendersi dai danni della realtà virtuale.

Ai nostri tempi, da un lato ci si difende attraverso la tutela legale della privacy e, dall'altro, si mettono in piazza fotogrammi sfocati della propria vita, elemosinando *like*. Una volta (ma non molti anni fa!) bastava il consenso delle persone care, di quelli (non necessariamente tanti) che avevano conquistato la nostra stima. Viceversa, sui social la cerchia di amici è grande quanto un anello di Saturno, il successo si inflaziona e, così, si svuota, diventando impersonale e, soprattutto, senza dibattito.

Apprezzamenti e deprezzamenti, erano frutto del dialogo e, alla resa dei conti, si era soliti dire: "dimmelo in faccia, se ne hai il coraggio!". Ora, grazie a *Facebook* ed agli altri social network, basta un clic, un *like*, un mi piace: come nell'antica Roma, il pollice su o il pollice verso decreta la vita o la morte (beninteso, nella realtà virtuale!).

Saranno anche corsi e ricorsi storici, sta di fatto che si assiste (quando non si prende parte) ad una vera e propria guerra dei numeri. E se questi numeri mancano? Per molti giovani è segno di crisi! Non economica, ma esistenziale. Per prevenirla, è sempre bene non richiedere ma, viceversa, darsi tanti *like*, e che siano dei mi piace reali, cioè frutto di una continua accettazione e integrazione dei propri limiti. Per quelli degli altri può valere il detto: "chi mi ama mi segua!".

45 Meravigliosamente giovani

Luglio 2016

"Le chiamo sorprese eppure non aspettavo altro" (Anonimo).

Può una ragazzina di tredici anni rinunciare ad un meritato premio e devolverlo in beneficenza? Ebbene si! "Io non ne ho bisogno. Date questi soldi a chi è meno fortunato di me", ha dichiarato, lasciando tutti di stucco, una studentessa ligure di terza media dell'Istituto Comprensivo delle Albisole. Ed ha donato i 350 euro (da trasformare in buoni acquisto) vinti redigendo un tema sulla figura dell'ex presidente della Repubblica Italiana Sandro Pertini in un concorso organizzato dall'Associazione nazionale partigiani italiani. Riuscire a intercettare i bisogni degli altri, di chi aspetta e resta con la mano tesa in attesa: ecco il miracolo che fa notizia! Ah... se solo fosse più frequente: avremmo più sorprese e meno attese!

In un mondo dove i grandi vogliono restare bambini, i piccoli rimontano e li superano. E, quando meno ce l'aspettiamo, hanno anche qualcosa da insegnarci. Eh sì, troppe volte si parla male dei giovani! Eppure, a ben vedere, essi sono capaci di salire in cattedra surclassando genitori e insegnanti.

Dobbiamo ammettere che la scuola dei grandi, a volte, è macchiata di quell'egoismo stratificato nel tempo e nelle abitudini, capace solo di far dire "fatti furbo!" oppure "non essere troppo buono!". Il nostro tempo, invece, ha decisamente bisogno di un'innocenza carica di sapienza.

C'è più gioia nel dare che nel ricevere: è una grande verità sulla quale tutti concordiamo, specie sui social network! A proposito, questo è proprio un ottimo slogan da postare a commento di un bellissimo *selfie*. Ma poi, come vivere concretamente questo donarsi gioiosamente? Ed ecco che subentra il tirarsi indietro e, così, l'attesa di un gesto meraviglioso si rivela aria fritta. Poi, però, succede che, mentre noialtri siamo bravi soltanto a parlare, c'è chi ci spiazza perché dice e fa. Proprio come la nostra studentessa che, ancor prima di aver regalato qualche centinaio di euro, ha donato meraviglia e, soprattutto, una rinnovata capacità di meravigliarsi. Il premio ricevuto, così, non è perso, ma è moltiplicato per chi l'ha ricevuto, per chi l'ha donato e per noi che abbiamo bisogno di credere che Dio ama chi dona con gioia.

Già, ogni tanto val la pena scomodare Dio e ricordare che la morte di un giusto duemila anni fa, continua ad essere motivo di senso oggi. Certo lui era Dio. Ed io? Io nella meraviglia attingo a quella gioia, e così conformo il mio essere a Lui. Il bene è già dentro di noi, basta rispolverarlo ogni giorno, basta fargli vedere la luce e poi funziona, senza sosta e sempre meglio. Il bene si alimenta del bene.

Morale della favola (che per fortuna favola non è!): nessuno osi parlar male dei giovani, in questo caso la gioventù ha bruciato i pregiudizi pessimisti dei più. Ora tocca a noi! Alimentiamoci della speranza e scopriremo che condividere arricchisce.

46 Troppo educati per lavorare?

Settembre 2016

"Moltissimi piloti mi avrebbero battuto se mi avessero seguito. Hanno perso perché mi hanno superato" (Juan Manuel Fangio, pilota di Formula 1).

A casa, così come a scuola, non fanno altro che ripeterti: "impegnati e dai il massimo, perché il mondo del lavoro è competitivo!". Poi, giungono l'agognata laurea ed il momento del cercarsi un'occupazione. Ebbene, secondo una ricerca condotta da AlmaLaurea (il consorzio interuniversitario che monitora l'inserimento dei laureati nel mondo del lavoro), mediamente il 10% dei giovani laureati si ritrova a svolgere un lavoro che richiede le sole competenze già acquisite anni prima con il diploma di maturità! Questa stessa media s'impenna fino al 25% se circoscritta ai laureati in materie letterarie.

E qui casca l'asino (che poi asino non è!): ragazzi ma ne è valsa la pena? E voi genitori che cosa ne dite: vale la pena sacrificarsi economicamente per far studiare i propri figli?

Se lo chiedessimo al famoso pilota argentino Fangio, questi ci direbbe che perdiamo il treno della competizione quando aspettiamo di trovare la strada giusta e... ci dimentichiamo che la si trova camminando e non rallentando.

Il conseguimento del diploma di laurea simboleggia senz'altro il compimento di un percorso di crescita arricchito da quell'approccio al mondo che soltanto la cultura conferisce. Tuttavia, non va trascurata la preziosa fase del discernimento, quella del "cosa voglio fare da grande" e che non può essere sbrigativamente liquidata col così fan tutti affermando "vabbè, vado anch'io all'università!". Proprio così, infatti, l'università diventa un parcheggio (e anche fin troppo caro!).

Dunque, va bene non accontentarsi e, anzi, sognare ma... ad occhi aperti! Nel decidere se intraprendere gli studi universitari, c'è bisogno di avere i piedi ben piantati per terra per tirar fuori tutta la maturità (e anche un po' di più, se necessario!). Proiettarsi con lungimiranza e flessibilità nel futuro, non è cosa da poco, ma è possibile quando si è motivati ed onesti con se stessi e con i genitori che "sponsorizzano" il progetto.

Quando qualcuno ci supera, possiamo arrenderci o tirar fuori una forza che neanche pensavamo di avere. E se arriviamo secondi, siamo comunque sul podio! Le graduatorie servono a farci capire a che punto siamo, non chi siamo. Inoltre, la prova del nove che conferma le nostre scelte è non solo la nostra felicità, ma anche il domandarsi: "rifaremmo quello che abbiamo fatto?".

Avete ragione: sto ponendo troppe domande. E latitano le risposte. Tuttavia, è la complessità che ci caratterizza e che ci fa piloti della nostra vita. E, dunque, beata gioventù, non dimenticate che la vostra storia dovete ancora scriverla: date il meglio, senza mai pensare però d'essere i migliori!

47 Tutti dicono I Love you

Novembre 2016

"Abbiamo l'iPad, l'iPhone e l'iPod ma quel che manca sempre è l'I love you" (dal web).

La voglia di raccontarsi e di proporsi che hanno i nostri giovani attraverso smartphone e compagnia bella (bella?!), può diventare una passione così pericolosamente travolgente da renderci impreparati ad affrontare lo tsunami di contenuti che scatena.

Tanta gente diffonde con leggerezza filmati propri e altrui. Lo fa anche senza malizia. Tuttavia, quel contenuto virtuale lascia una traccia eterna, ancor più quando è condiviso, diventando virale. Con conseguenze che sfuggono troppo presto di mano.

Questo non significa che dobbiamo scappare su di un'isola deserta, anche perché verrebbe un drone a cercarci! Demonizzare, cari genitori, non serve a nulla.

Meglio prevenire, con massicce dosi di dialogo e forti di quella franchezza che sa guardare alle conseguenze di alcuni stili di vita.

Tutti concordiamo sul fatto che non ci si guarda più in faccia quando parliamo, perché preferiamo tenere gli occhi fissi sul cellulare. Triste, vero? Eppure, questo stesso atteggiamento che rimproveriamo agli altri, alla fine viene da noi stessi assunto e, senza accorgercene, restiamo infine schiacciati da questo comportamento.

Eppure, sappiamo bene che per dire "ti amo", per comunicare i grandi sentimenti, non ci sono "emoticon" che tengano! Servono solo due occhi che si incrociano, serve concedere il proprio tempo all'altro.

Forse è questo il momento di riumanizzarci, di vivere la prossimità, fisica e di cuore.

Senz'altro il web ci aiuta a girare il mondo non in ottanta giorni, ma con pochi clic. Eppure, oltre agli specifici tratti delle diverse culture, alla fine della fiera scopriamo che funzioniamo tutti allo stesso modo: ci accomuna tutti il bisogno di amare e di essere amati. È questo il prezioso marchio di fabbrica del Grande Capo, del Creatore!

Per attivare questa fondamentale "app" che ci tiene tutti connessi, è sufficiente cercare la vicinanza di gesti e di parole, senza per questo diffonderli attraverso mini o maxi schermi.

Il fotogramma migliore è stampato nella nostra memoria, quando ridiamo o stiamo in silenzio con quelli ai quali vogliamo bene. Testimoniare il nostro affetto, non implica soltanto spudoratamente comunicarlo attraverso un social, ma semplicemente imbattersi in un amico e chiedergli: "oggi ti vedo particolarmente felice, che cosa ti è successo?". Forse non ci risponderà neppure, per difendere la propria riservatezza.

E se gli capiterà di arrossire? Beh, anche questo sarà un comportamento del tutto naturale, tanto involontario quanto umanamente comprensibile.

Preserviamolo e moltiplichiamolo, allora, anche perché in webcam non è proprio la stessa cosa… o no?!

Troppo presi dallo scorrere infinito delle notifiche di *Facebook*, *WhatsApp, Twitter*… il vero rischio è l'iperconnessione social ma con il cuore pressoché spento, in modalità aerea.

48 Per amore solo per amore

Dicembre 2016

"E dimmi un po', qual è la cosa più pazza che hai fatto per amore di Dio? Crederci!" (dal web).

A questa domanda, soltanto uno ci ha dato proprio quella risposta: il Grande Capo!

Sì, proprio lui... nostro Signore! Per amore si è fatto uomo, è morto ed è risorto per noi e continua a darci lo Spirito Santo che ci chiama a seguirlo!

Per non dimenticarlo e per ravvivare il fuoco che già arde in noi, lo scorso 13 novembre abbiamo celebrato, in tutte le nostre comunità, una giornata di preghiera per le vocazioni redentoriste. Questa giornata, promossa dal nostro Superiore Generale padre Michael Brehl, è stata vissuta, in 82 Paesi del mondo (!!!), da tantissimi padri e ragazzi in formazione e anche attraverso una sorta di gemellaggio - scambio che ha consentito a ciascuna comunità di giovarsi della presenza di un confratello chiamato ad animare vocazionalmente i fedeli.

Il risultato? Un successone! Abbiamo annunciato e testimoniato le peripezie della nostra chiamata e, soprattutto, abbiamo invitato alla preghiera, perché il Signore mandi "operai nella sua messe".

Insomma, un'occasione in più per concretizzare la gioia del Vangelo che si è incarnata nelle nostre storie e nella nostra vita. Ed un'ulteriore opportunità per dire ai giovani: "ne vale la pena!".

Abbiamo, quindi, gridato ai quattro venti le parole di san Paolo, il primo missionario: "Chiunque invocherà il nome del Signore sarà salvato. Ora, come potranno invocarlo senza aver prima creduto in lui? E come potranno credere, senza averne sentito parlare? E come potranno sentirne parlare senza uno che lo annunzi? E come lo annunzieranno, senza essere prima inviati? Come sta scritto: Quanto son belli i piedi di coloro che recano un lieto annunzio di bene!" (Rm10,13-15).

Ed è proprio a questi piedi che va un "grazie" forte e sentito! Questi piedi che ci conducono verso gli altri, che portano i pastori fuori dal recinto, facendoci diventare Chiesa in uscita, come ama ripetere papa Francesco.

Il missionario è strumento del lieto annuncio con il suo crederci incondizionato e per sempre. Di qui, l'urgenza di pregare che nulla ostacoli quella misteriosa volontà di Dio che chiama e attende risposte cariche di sola follia e amore! Il 13 novembre tutta la grande famiglia redentorista ha pregato all'unisono perché siano abbondanti gli "eccomi, Signore!".

E se è vero che non sappiamo in quale cuore Dio sta dispensando il suo amore che chiama a diventare dono … perché potrebbe essere proprio il tuo, caro lettore, oppure quello di tuo figlio, di tuo nipote, di un tuo amico … è altrettanto vero che quel che conta è leggere i segni dei quali si serve ogni giorno il Signore per far capire la sua volontà! E, quindi, portare questi segni nella preghiera per discernerli e offrirli nuovamente a Dio con la stessa gratuità con la quale ci hanno toccato il cuore.
Le pazzie compiute per l'amore di Dio declinano unicamente il coraggio di essere felici!

49 Se questo è un lavoro

Gennaio 2017

"L'uomo non è un fattore economico in più, o un bene scartabile, ma qualcosa che ha una natura e una dignità non riducibili a semplici calcoli economici" (Papa Francesco).
La Caritas dell'Arcidiocesi nella quale opero, quella di Amalfi – Cava de' Tirreni, ha scelto di sostenere le famiglie meno abbienti non con il classico contributo in denaro, ma mediante voucher diretti a retribuire piccoli lavori svolti in parrocchia. La nostra è un'esperienza positiva, perché abbiamo associato all'accessorietà del lavoro (cioè, al requisito richiesto dalla legge per l'attivazione dei buoni lavoro), la dignità dei nostri fratelli.
La gioia di essersi guadagnati da vivere, l'aver potuto rendere più bella la propria chiesa anche con il semplice riordino di alcuni scaffali e la pulizia dei vasi sacri, hanno fatto camminare a testa alta e riempito d'orgoglio gli occhi di quelle famiglie che troppo spesso vanno via grate, ma a capo chino, dopo aver ricevuto degli alimenti o il pagamento delle bollette.
Il lavoro nobilita l'uomo! Ma ancor più vero è che carità e lavoro possono andare a braccetto. Tuttavia, allo stesso tempo, l'uso indiscriminato che si sta

facendo dei voucher, fa nascere seri interrogativi. I buoni lavoro senz'altro garantiscono la disponibilità di denaro contante al termine della prestazione, ma consentono ai datori di lavoro di non stipulare regolari contratti, con tutta la mancanza di tutele e di diritti che ne consegue.
Nel 2016 sono stati venduti oltre 145 milioni di voucher, che solo apparentemente sono serviti a far emergere sacche di lavoro nero, legalizzando l'economia dei lavoretti (quelli da baby-sitter, le ripetizioni scolastiche, il volantinaggio...). In realtà, l'uso è stato esteso ai settori dell'industria e dei trasporti facendone la nuova frontiera del precariato, in grado di porre ai margini quella dignità umana che la chiesa difende e annuncia.
I buoni lavoro sono un ottimo antipasto, ma i giovani attendono il piatto forte: una maggiore stabilità per poter affrontare responsabilità da adulti quali il matrimonio e la genitorialità. Lo strumento dei voucher, infatti, costituisce, purtroppo, pressoché l'unica forma di offerta in un mercato del lavoro che offre ai giovani un involucro vuoto, non rispondente all'aspettativa di un futuro dignitoso. Forse si vuole che i giovani restino tali per sempre, che vivano in una illimitata incertezza? Quando offriremo loro autentico ascolto e condivisione?
Siamo lontani anni luce da una economia sociale che eviti l'usa e getta della persona, da una economia altra perché alta, dove la flessibilità del lavoro non è la maschera che cela l'incertezza sul futuro dei giovani. Nel racconto della creazione, Dio condusse all'uomo tutti gli animali per vedere come li avrebbe chiamati. Forse dovremmo ripartire dal primo lavoro per cui l'uomo è stato assunto: organizzare le risorse. In definitiva siamo chiamati ad occuparci di economia, ma con una responsabilità doppia. Non dimentichiamo, allora, di aver ricevuto questa preziosa delega!

50 L'isola che non ti isola

Marzo 2017

"Ohana significa famiglia e famiglia vuol dire che nessuno viene abbandonato o dimenticato" (dal film Lilo & Stitch).

Dal film di animazione della Disney Lilo & Stitch alla realtà il passo è breve. Il termine "ohana" fa parte della cultura hawaiana e designa la famiglia che fa tutt'uno con gli amici per cooperare e prendersi cura vicendevolmente. Questo concetto non è un'utopia, ma ha recentemente preso forma nei Paesi Bassi. Proprio lì alcune case di riposo sono state trasformate in alberghi che aprono le porte anche agli studenti universitari senza chiedere loro un euro, purché ogni mese questi giovani dedichino trenta ore del proprio tempo all'assistenza degli inquilini della terza età. Va da sé, allora, che gli studenti alloggiano gratis nell'ospizio e fanno un'esperienza di vita edificante, mentre gli anziani imparano a usare i nuovi strumenti di comunicazione (internet, i social network...), contano su forze fresche per andare al supermercato e, almeno nelle intenzioni, ricevono attenzioni e affetto da questi nuovi "nipoti".

In un mondo che demonizza troppo facilmente i giovani e relega gli anziani nel dimenticatoio, questa iniziativa ci mostra la possibilità di approdare a delle isole di integrazione e fruttuosa convivenza.

Stitch, il protagonista del film di animazione Disney, è il frutto di una sperimentazione genetica illegale ed è una creatura aggressiva, quasi indistruttibile (ma con grandi capacità di apprendimento!): sembra proprio la proiezione dei giovani così come rappresentata dai nostri timori e... dal nostro qualunquismo! Eppure, proprio il brio della giovane età e un po' di disordine in più (tipico negli alloggi degli studenti!) può positivamente scuotere i nostri cari nonni: fino a quando si guarderà al divario generazionale come ad un ostacolo insormontabile, mai si coglieranno le opportunità che possono scaturire dalla coabitazione tra nonni e studenti!

La verità è che siamo tutti pezzi di un puzzle, i quali hanno valore soltanto se stanno insieme. Da questo punto di vista, immaginare di condividere un appartamento con una persona di gran lunga più grande (o più piccola) d'età, è un invito a scambiarsi sempre più quella fiducia reciproca che, poi, conduce all'accoglienza. Questo non significa che sia semplice condividere idee e spazi. Tuttavia, che grande conquista quando ci riusciamo! L'umanità compirebbe un enorme balzo in avanti se si rendesse conto che ciò che è posto agli estremi, è più vicino di quanto si pensi. Inoltre, quando scopriamo l'altissima dignità nostra e altrui, vi riconosciamo il volto stesso di Cristo che dice gratuità.

Il progetto di alloggio condiviso è incentivato da uno scambio equo, ma ci sono valori che non possono essere messi sulla bilancia, perché nessuna potrebbe mai contenerli! Uno su tutti è il superamento reciproco di quella solitudine che tutti noi ci portiamo dietro. Dunque, cari nonni, di testimonianza, saggezza ed esperienza ne avete da vendere e i nostri giovani hanno argento vivo quale moneta di scambio! A ciascuno di voi, e nella giusta prospettiva, sono dunque affidati i verbi che fanno *ohana* (famiglia): il raccontare, l'insegnare, il reciproco affidarsi e sostenersi! Facciamone buon uso!

51 Segnatemi presente

Aprile 2017

"Per le vostre lezioni di vita... a me segnatemi assente!" (dal web).

Quando la fonte delle lezioni, di vita e non, è truffaldina, l'assenza non solo è giustificata, ma è doverosa!

Mi riferisco all'universo dell'offerta formativa extra o post scolastica per studenti, disoccupati e lavoratori. Ogni anno partono quarantamila corsi

finanziati con fondi pubblici che mettono in moto oltre 9 milioni di ore, 670 mila allievi, centinaia di enti formativi.
È giusto che i nostri giovani senza lavoro li frequentino? Dipende! Molto spesso il gioco non vale la candela.
Senza fare di tutta l'erba un fascio, c'è un dato da non sottovalutare: le basse percentuali dei giovani assunti con contratto a tempo indeterminato nonostante questa (alta?!) formazione ricevuta.
È sempre bene, allora, rammentare che, prima di riporre tutte le proprie speranze in enti illustri e sconosciuti, occorre fare molta attenzione. La verità è che la formazione diventa spesso solo un grande affare per beneficiare dei "finanziamenti a pioggia", un servizio da vendere a chi è stretto dalla morsa della disoccupazione.
Ogni anno nascono 40mila corsi per studenti e "neet" (persone non impegnate nello studio e né tantomeno nel lavoro) organizzati con il principale obiettivo di riempire le aule e accedere ai fondi pubblici, ma... nessuno ne verifica l'efficacia!
Ecco la deprecabile stortura: l'aver creato un business autoreferenziale sganciato spesso dalla realtà, dal fornire reali competenze spendibili nel mercato del lavoro. Questo dicono le fredde statistiche sul (basso) numero di occupati che hanno frequentato i corsi di formazione.
Vien quindi da chiedersi: quali sono gli accorgimenti da prendere per sciogliere il dilemma riguardante l'opportunità di frequentarli?
Che i figli chiedano ai genitori di valutare insieme le opportunità reali offerte da questi corsi: servono anche occhi esperti per discernerle da quelle inadeguate e inopportune!
Accanto alle verifiche da fare sulle credenziali dei formatori, ci sarà poi da svolgere il mestiere difficile, perché sempre nuovo, di genitore (e di nonno!) in grado di leggere mestieri e professionalità che si trasformano, quando non addirittura nascono, per effetto dell'incalzare incessante dei progressi tecnologici.

In ogni caso, c'è una tensione, non sempre positiva, che vicini e lontani mettono addosso ai giovani in cerca di lavoro, un'ansia che si manifesta in una domanda assillante: "Che cosa stai facendo? Ti sei sistemato?". Di qui, il rischio che i giovani vadano con il primo che incontrano!
Diversamente, c'è un modo di porsi e di comunicare che non ha nulla a che vedere con il *politichese* ed il *burocratese* al quale attingono i velleitari corsi di formazione: si tratta del *genitorese*, il linguaggio della fiducia, dello stare accanto ai propri figli senza opprimerli, dell'incoraggiare, ma senza voli pindarici, con i piedi per terra. È questo, il linguaggio della libertà e mai dell'abbandono che si traduce, infine, nella formula "Che Dio te la mandi buona!", ma soltanto dopo che nostro figlio ha risposto con umiltà e coerenza (e ispirato da legittima ambizione) alle domande: "Chi sono?", "Che cosa voglio?", "Per che cosa mi propongo?". Dunque, beata gioventù, lasciati aiutare da chi vuole il tuo bene e formare da chi davvero sa il fatto suo! Al loro appello di' pure: "Presente!".

52 Un, due, tre ... terra

Maggio 2017

"L'uomo che vuole dirigere un'orchestra, deve saper girare le spalle alla folla" (James Crook, imprenditore e politico canadese).
Possiamo paragonare i giovani in cerca di occupazione a dei direttori d'orchestra. Fino a quando tutti cercano il posto fisso nel settore pubblico, ci si perde in una folla che non fa musica, ma solo chiasso.
E poi... c'è la natura che non fa chiacchiere, ma concerti incantevoli. E se proprio la terra da coltivare fosse il campo di lavoro di voi giovani, dei nostri giovani?
È vero, l'espressione "vai a zappare" è sempre stata ritenuta un'offesa, un modo neanche tanto elegante di mandare a quel paese. Chissà che le cose

non stiano cambiando, però. Grazie alla spinta del Ministero dell'Agricoltura, infatti, è stata creata una vera e propria *Banca della terra*, ossia una sorta di banca delle terre agricole nazionali nella quale confluiscono dei terreni, tutti coltivabili, che finora verosimilmente sono stati sprecati, abbandonati, lasciati marcire o in attesa di qualche speculazione edilizia. Senza tener conto, poi, dell'enormità dei terreni sequestrati ai clan della malavita organizzata e finora inutilizzati. Insomma, tutti terreni nelle mani (miopi?) di Demanio, Ismea (Istituto di servizi per il mercato agricolo-alimentare), Regioni, Province, Comuni e tante altre istituzioni pubbliche.

Il 15 marzo sono, invece, andati all'asta i primi ottomila ettari di terreno, sui quali potranno fare impresa (e reddito) e trovare lavoro (e creare occupazione) soprattutto tanti giovani agricoltori under 40. Proprio gli under 40 potranno, infatti, vedersi finanziato l'acquisto con un mutuo a tasso più basso di quelli di mercato. Inoltre, per gli investimenti, da quelli per le stalle a quelli destinati ai macchinari, potranno contare su prestiti a tasso zero. Infine, tanti adempimenti burocratici dovrebbero essere abbattuti e, soprattutto, si godrà dell'azzeramento dei contributi previdenziali per i primi tre anni.

Se si chiama settore primario un motivo c'è: la nostra sussistenza viene procurata innanzitutto dall'agricoltura e dall'allevamento. Come dice papa Francesco, *"la terra ci precede e ci è stata data"* (*Laudato si'*, 67). Gli stessi testi biblici ci invitano a coltivare e a custodire il giardino del mondo. Naturalmente, c'è da fare i conti con la propria vocazione, con le proprie aspirazioni e i talenti personali. Non ultimo, cari giovani c'è da rimboccarsi le maniche, perché la tecnologia non sostituisce la forza fisica (altro che far palestra, poi, il lavorare nei campi!).

Eppure, quando la passione si unisce al non escludere nulla a prescindere, al saper dare le spalle alla semplice e vana considerazione sociale, allora ci si può realizzare nella vita. Forse fuori dal coro, dalle occupazioni che fanno tendenza, ma felici (e gratificati anche economicamente!). Nella nostra vita

abbiamo bisogno anche di cogliere l'attimo propizio, che forse va visto anche in progetti quali la banca della terra.
La nostra vita è simile a quel gioco che si faceva da bambini: un, due, tre... stella... poi ci si volta... non si vede nulla, ma si riesce a procedere felicemente affidandosi al sesto (buon) senso, senza indugiare!

53 Ho un cinema in testa

Giugno 2017

"Avrei voluto sempre essere invisibile, anche da ragazzo. Mi piaceva guardare la vita degli altri. Per questo mi piaceva leggere i libri. Per questo mi piaceva e mi piace guardare i film. E mi sarebbe piaciuto guardare i film che passano nell'anticamera del cervello di ognuno di noi" (Dino Risi, regista).
Per il grande regista Dino Risi c'è un copione che si dipana in ogni vita. Leggere la realtà, tradurla con la filmografia e proporne i contenuti sul grande schermo di cinema e sale di comunità, in fondo non si discosta tanto neanche dall'opera dell'evangelizzazione e, volendo, dalla stessa predicazione di Gesù che, col linguaggio parabolico, ha annunciato l'amore del Padre. La cultura cinematografica veicola messaggi che possono guidare la vita di chi li recepisce. Ecco, dunque, che promuoverla fa bene. Ma utenti ce ne sono?
Secondo una recente ricerca dell'Università Cattolica, in Italia le sale parrocchiali (chiamate anche "sale della comunità") sono 804. Sono presenti nelle periferie altrimenti dimenticate e anche nella provincia abbandonata dalle maggiori aziende cinematografiche per ragioni di mercato.
In Italia, ogni tre sale cinematografiche ce ne sono due parrocchiali (e se teniamo conto del numero degli schermi e, quindi, dei multiplex, all'interno delle parrocchie italiane c'è uno schermo ogni sei). Negli ultimi dieci anni le sale parrocchiali stanno crescendo al Centro e al Sud. La maggior parte è monoschermo, ma ci sono persino multiplex! I gestori dei cinema parrocchiali,

più laici che religiosi, spesso pensionati o impiegati, ritengono che la struttura sia redditizia. Il prezzo del biglietto varia tra i 5 e i 7 euro.

Sembra esserci, dunque, una seconda giovinezza per queste sale un tempo preziosi centri di aggregazione. Tuttavia, come vengono considerate dalla nostra gioventù? A volte, i giovani snobbano questa offerta, rapiti da videogiochi e internet e, dunque, vivono una invisibilità non alla Dino Risi, ma fatta di sempre maggiore auto isolamento. Che cosa si perde chi non le frequenta? Senz'altro occasioni per condividere (non solo virtualmente!) emozioni e, quindi, quel dialogo e quel confronto che aiutano a sviluppare lo spirito critico.

Anche l'esperienza di cineforum nella nostra realtà parrocchiale conferma questa tendenza: quando riusciamo ad intercettare i temi che toccano la sensibilità dei giovani, il successo è assicurato!

E, così, siamo punto e a capo: capire i giovani e quello che si agita nella loro testa e nel loro cuore, è un'impresa ardua! Chi ha voglia di sognare, di identificarsi e di emozionarsi nelle trame dei lungometraggi, esce dalla sala, arricchito non fosse altro che per l'angolo di ripresa inedito della realtà offerto dal regista.

Anche comodamente seduti sulla poltrona della sala di un cinema, mettiamo in gioco noi stessi, il nostro relazionarci e le nostre scelte future, la nostra consapevolezza. E chissà che non si riesca anche a riempire con la cultura quell'abisso che minaccia di assorbire il senso della vita soprattutto nei giovani. A completare l'opera c'è, poi, l'esperienza di Cristo. Ma questo è tutt'altro che un film!

54 Me la scialo con...

Luglio 2017

"Le migliori cose della vita, non sono cose!" (dal web).

La leggenda narra di alcuni (troppi?!) giovani che, pur non avendo terminato di pagare le rate dello smartphone, hanno già acquistato il modello successivo perché si sono irrimediabilmente innamorati del suo design e delle sue irrinunciabili nuove funzioni e caratteristiche! Sì, proprio quelle che, attraverso il bombardamento quotidiano di offerte promozionali e pubblicità, solleticano il desiderio di possedere l'innovativo gadget tecnologico in grado far tenere il passo delle tendenze emergenti e dei nuovi vincenti stili di vita.

E tutti sappiamo che ... non conviene proprio andare contro tendenza!

Scherzi a parte, nessuno può dirsi così forte da sfuggire ad una persuasione continua e globale. I giovani, poi, sono le esche perfette e, ancor più, i diffusori eccezionali delle tendenze espresse dai beni di consumo tecnologicamente avanzati.

Che spreco, starete forse pensando!

Per quale motivo cambiare un telefono perfettamente funzionante solo perché, come dice la pubblicità, quello appena messo in commercio "è più tutto e ti aiuta in modi sempre più personalizzati"? Eppure, solo ad ascoltare queste promesse della pubblicità, ho già l'acquolina in bocca! Non so voi!

Tuttavia, se possiamo complimentarci per la bontà del prodotto offerto e per l'invitante pubblicità che ci invita ad acquistarlo, non possiamo non chiederci: abbiamo davvero bisogno di comprarlo?!

In particolare, ammesso e non concesso che il telefonino impari a conoscermi, (con l'intelligenza artificiale) resta pur sempre una "cosa". Ed io di cosa ho seriamente necessità? C'è qualcosa nella mia vita che non ha scadenza, che non è soggetta a perire? La promessa di avere di più ci seduce e ci fa sperare, ma... rischiamo di ripetere all'infinito l'acquisto dell'ultimo modello! È vero, proprio le emozioni collegate all'acquisto

diventano presto obsolete ed esigono un nuovo acquisto che le faccia rinverdire. Niente di nuovo, alle emozioni questo è concesso.
Tuttavia, se consumiamo basandoci esclusivamente sulle esaltanti sensazioni che si provano nel far proprio l'ultimo ritrovato tecnologico, ci ritroveremo sommersi di apparecchi ancora buoni, ma che non ci scaldano più il cuore e, dunque, diventano pronti ad essere sostituiti.
Strano, ma vero! Non siamo tanto diversi dai bambini che desiderano sempre un giocattolo nuovo. Ed il dispendio che ne deriva, non è solo economico (che, di questi tempi, basterebbe a far desistere!), ma di senso.
Siamo ben lontani dal nostro caro san Gerardo che parla sì di sperpero, ma in un modo sublime comunicandoci che "Me la scialo nell'immensità del mio caro Dio". Ecco, le cose belle sono eterne e gratis. Quando misureremo la qualità della vita dall'amore donato e ricevuto? Sarebbe bello e quanto mai utile stilare una propria lista delle migliori cose della vita e... poi magari proporre il gioco a parenti e amici: chissà che risultati!

55 Tu sei bellezza

Settembre 2017

"Se poi consulti bene la Fisica, poco oltre troverai il principio che l'arte umana segue quanto più può la natura, figlia di Dio, come il discepolo segue il maestro; così che in qualche modo la vostra arte è quasi nipote di Dio" (Dante Alighieri, Inferno, XI – parafrasi).
Per Dante, la bellezza ha una gerarchia: la natura segue Dio (dato che ne è il creatore) e, dunque, l'arte umana, per quanto è possibile, deve seguire la natura, proprio come fa un discepolo col suo maestro. In questo modo, si può ben dire che l'arte dell'uomo è nipote di Dio. La natura e l'arte, dunque, arricchiscono l'uomo facendolo crescere e cogliere la luce stessa di Dio.

Questa circolarità ha per me un nome: il ripristino e la riapertura al culto della Chiesetta di San Paolo (detta Santa Maria della Porta) a Scala, in provincia di Salerno, il comune più antico della costiera amalfitana dove attualmente presto la mia opera pastorale.
Il ripristino è avvenuto, tra febbraio e giugno, per mano di un gruppo di giovani della Confraternita di San Giuseppe Lavoratore. La loro passione ha più che compensato le non complete competenze rispetto a pitture e pennelli. Qualcuno potrebbe obiettare che, per certe cose, ci sono ditte ad hoc! Ma che bello quando il senso civico congiunto al *sensus fidei*, porta a rimboccarsi le maniche, a fare della salvaguardia del creato non uno slogan altisonante, ma cronaca e speranza!
La meraviglia più grande, in questi eventi, è riscoprire che, nell'atto del donare, il legame ha addirittura più importanza del bene stesso che si fa. Non è il valore d'uso (o di scambio) che conta, ma quel che ci unisce fra noi e ci unisce a Dio. Togliere tempo al meritato riposo serale dopo il lavoro, per stare al freddo in una chiesetta di montagna impolverata e disordinata e questo per quattro mesi (!!!), è fantastico se si pregusta il risultato con orgoglio e si sogna uno spazio in più per celebrare ed adorare.
Che potenza, i giovani!
La nostra chiesetta è solo una delle dieci più importanti di Scala: rispetto al Duomo millenario di San Lorenzo, già cattedrale, può essere confusa con un rudere di campagna! Posta a circa 400 metri sul livello del mare, tra il Monte Brusara e Santa Maria dei Monti sopra la valle del Dragone nella contrada di Santa Caterina, era la porta nord della cinta muraria, un avamposto militare poi dedicato a quello che potremmo definire anche "santo dei serpenti". La chiesetta, infatti, custodisce il simulacro di san Paolo che afferra una vipera nel suo approdo a Malta, restando in vita dopo il presumibile morso (Atti degli Apostoli 28,3). Tutto questo patrimonio storico e artistico rappresenta un'eredità che i giovani stanno iniziando a preservare, con somma sorpresa

di chi, sospirando, è tentato di arrendersi al declino, pensando ad una gioventù che era beata e non lo è più.

Ebbene, il serpente di san Paolo non inietta più veleno, ma speranza!

Nella chiesa di San Damiano, san Francesco ascolta Gesù che gli dice: *"Va' Francesco, ripara la mia casa, che come vedi, va in rovina!"*. La nostra casa è la chiesa, comunità di battezzati. Ripararla significa soprattutto diventare autentici testimoni della buona novella, che ha bisogno dell'entusiasmo dei giovani e della saggezza degli anziani per camminare nella comunione e nella fede. E la fede autentica diventa presto carità: porta a sporcarsi le mani, in tutti i sensi! La concretezza dei lavori più umili ci fa amare la chiesa come tempio sacro: conoscerne le mattonelle sconnesse e il cigolio dei banchi è sentirli nostri.

L'appartenenza a Cristo passa per l'appartenenza alla comunità dei convocati dal Signore, che può con gioia cantare il Salmo 114: *"Non a noi, Signore, non a noi, ma al tuo nome da' gloria, per la tua fedeltà, per la tua grazia... Adempirò i miei voti al Signore e davanti a tutto il suo popolo, negli atri della casa del Signore".*

Erri De Luca scrive nel suo romanzo "Montedidio" che *"vanno bene per gli angeli le ali, a un uomo pesano. A un uomo per volare deve bastare la preghiera, quella sale sopra le nuvole e piogge, sopra soffitti e alberi. La nostra mossa di volo è la preghiera"*. E l'arte sacra di cui sono ricche le nostre chiese, infiamma la nostra preghiera: *"O Cuore infiammato di Gesù, infiamma ancora il cuore mio"*, amava ripetere sant'Alfonso.

Inoltre, il genio artistico ha da sempre avuto la funzione di catechizzare il popolo sui misteri della vita di fede. Ed è sovente risultato un mezzo più efficace della parola scritta, fruibile da pochi. Anche per questo motivo, va preservato e custodito. Più in generale, possiamo dire che le immagini portano davanti agli occhi quello che la parola porta all'orecchio, perché si fissa nelle profondità del cuore. Nello stesso tempo, badate bene, si fa linguaggio possibile solo a chi è aperto e disponibile ad accoglierlo. Come la

natura sprona a rendere gloria a Dio, così l'arte ci porta alla contemplazione della presenza viva e vera di Dio nella nostra vita.
Quando nella nostra opera di missionari del Vangelo (e lo siamo tutti in quanto battezzati!), facciamo qualche passo in più verso la maturità e (magari!) lo facciamo fare ai nostri giovani, mettiamo ordine e allineiamo natura e arte, umanità e divinità. Mettendo ognuna al posto giusto, possiamo gustare la bellezza e dire a cuore aperto al nostro Dio: *"Tu sei bellezza!"* (Come fa san Francesco tessendo le *"Lodi di Dio altissimo"*).
Se dovessi raccontarlo ad un bambino gli direi: c'era una volta un angolo di cielo che voleva fortemente incontrare un'altra parte. Tuttavia, erano lontani e il viaggio si presentava complicato. Fu così che ebbero un'idea: riflettere con tutte le loro forze sulla terra il meglio di loro stessi: così nacque l'arte. Essa conduce fino al cielo chi la guarda con desiderio e incanto.

56 Lavori poveri per clienti ricchi?

Novembre 2017

"Sulla terra ci sono poche gioie più grandi di quelle che i lavoratori sperimentano lavorando, come ci sono pochi dolori più grandi dei dolori del lavoro, quando il lavoro sfrutta, schiaccia, umilia, uccide. Il lavoro può fare molto male perché può fare molto bene" (Papa Francesco).
Basta avere appena un pizzico di umanità per stare con papa Francesco e desiderare diritti e dignità per tutti i lavoratori. Eppure, basta girare l'angolo e vestire i panni del consumatore, per coprire (anche temporaneamente, per carità!), con una coltre, gli stessi valori e propositi di sopra e per non vedere un esercito di lavoratori senza diritti: fattorini e magazzinieri di aziende che prosperano con le vendite on line, hostess di compagnie aeree low cost e... chi ne ha, più ne metta!

Il risparmio di denaro e di tempo nell'acquisto, è molto probabile che abbia una pesante contropartita corrisposta dai lavoratori, che vengono retribuiti per lo più a cottimo e godono di ben pochi diritti. In fondo, se un prodotto costa così poco e lo consegnano anche a domicilio, un motivo ci sarà!
E, allora, questo nuovo che avanza a noi piace o abbiamo una via alternativa per incorporare le innegabili potenzialità positive del commercio online senza per questo ledere la dignità dei lavoratori, spesso giovani dal futuro molto incerto?
In una prospettiva non evangelica, l'osservanza delle fredde leggi del mercato potrebbe indurci ad un atteggiamento fatalista al cospetto di uno Stato che né tutela il lavoratore e né tantomeno è dalla parte delle imprese soffocate da burocrazia e tasse. Eppure, così, la gioia grande (stavolta eminentemente evangelica!) di cui parla papa Francesco, rischia di essere solo un sogno o peggio una favola per bambini.
A meno che... coraggiosamente ci sforziamo di saper dir di no all'acquisto vantaggioso ma non eticamente corretto. Siamo dunque chiamati ad aprire gli occhi, la mente e innanzitutto i cuori: è sempre più necessario e urgente saper distinguere dignitose offerte di lavoro dai ricatti sociali che mirano ad imporre impieghi instabili e senza tutele. A questo proposito, ecco quel che mi ha raccontato un fattorino in bici (un rider): si ritrova a dover pedalare in qualunque condizione atmosferica, mettendo continuamente a rischio la propria incolumità, per guadagnare 2,70 euro a consegna. Certo, potrebbe anche ottenere un premio pari a cento euro, purché... faccia quaranta consegne in tre ore!
L'auspicio più carico di gioia ce lo consegna, allora, sempre papa Francesco quando afferma: *"Il lavoro è il centro di ogni patto sociale: non è un mezzo per poter consumare, no. È il centro di ogni patto sociale. Tra il lavoro e il consumo ci sono tante cose, tutte importanti e belle, che si chiamano dignità, rispetto, onore, libertà, diritti, diritti di tutti, delle donne, dei bambini, delle bambine, degli anziani... Se svendiamo il lavoro al consumo, con il lavoro*

presto svenderemo anche tutte queste sue parole sorelle: dignità, rispetto, onore, libertà. Non dobbiamo permetterlo, e dobbiamo continuare a chiedere il lavoro, a generarlo, a stimarlo, ad amarlo".

Noi ci aggiungiamo il nostro Amen, fatto di consumi etici e di lavoro svolto con dedizione e, per questo, opportunamente gratificato.

57 Vestirsi da chi ce l'ha fatta

Dicembre 2017

"Se devo produrre un finto film, sarà un finto successo" (Lester Siegel, personaggio del film *Argo*).

Secondo la Cassa Forense, ossia il corrispondente dell'Inps per gli avvocati, metà dei professionisti iscritti è sulla soglia della povertà. E questa triste condizione affligge soprattutto gli avvocati che esercitano nel Meridione. Viene allora da chiedersi: quanti giovani, che vediamo inappuntabili in giacca e cravatta, sono soltanto vestiti da uno che ce l'ha fatta?

I dati sono sorprendenti: "su circa 140 mila avvocati, in 20mila nel 2016 non hanno neanche inviato il modello dichiarativo alla Cassa, altri 20mila hanno reddito pari a zero o addirittura inferiore, in 60mila non superano i 10.300 euro l'anno e i restanti 40 mila e rotti arrivano al massimo a 20 mila euro. Gli avvocati, però, continuano ad aumentare: gli iscritti agli albi sono arrivati a quota 241.712, vale a dire quattro avvocati ogni mille abitanti. Nel dettaglio, due avvocati su tre (64,4%) faticano a raccogliere 20 mila euro l'anno ... I "ricchi", invece, che vanno oltre la soglia dei 97.850 euro l'anno, sono il 7% del totale (cassaforense.it). Dietro le statistiche e i numeri, non dimentichiamolo mai, c'è spesso il dramma abissale, di chi soffre in modo indicibile per la mancanza di lavoro o di redditi adeguati. Situazioni nelle quali il disagio mortifica e mina la speranza. Pertanto, se la targa in ottone, che per consuetudine segnala lo studio professionale, si fa sempre più ossidata e

impolverata, l'unico compenso (ma non economico!) resta il farsi chiamare "dottore".
Tra narcisismo e masochismo (chissà!), soddisfatte sono solo le aspettative della famiglia e della società, ma non le tasche! Potremmo dire che la scenografia è inoppugnabile, ma al ciak si gira, seguono scene solo fintamente felici.
Eh già, sembra che il film "Faccio l'avvocato" possa tenere a bada la curiosità di quelli che prima chiedevano "quando ti laurei?" ed ora immaginano per te successo e denaro abbondante. Ma può bastarci questo? Può convincere gli altri, forse, ma non noi stessi!
A dir la verità, l'autoconvinzione è croce e delizia della nostra vita. Può essere una gabbia mentale che non ci permette di cambiare idea, di voltar pagina, di convertire le nostre forze. Allo stesso tempo, tuttavia, è l'altro nome della forza dei desideri, dei sogni e delle aspirazioni migliori. Con tutto ciò, realismo e sogno sono le facce dell'unica medaglia che val la pena vincere: la realizzazione di sé stessi.
Pertanto non dimenticate, cari giovani, che sforzarsi di soddisfare il bisogno di godere di una buona reputazione è sempre e solo un gradino più in basso della ricerca dell'autentica felicità, che sta nella concretizzazione dei propri progetti, senza messe in scena.
Più in là, c'è solo da augurarsi la scoperta, peraltro libera e personalissima, che aiutare gli altri a dare compimento alla propria felicità è da Oscar!

58 Pennelli e scale per riveder le stelle

Gennaio 2018

"Possa tu costruire la scala che porta alle stelle e percorrerne ogni gradino" (Bob Dylan, cantautore e compositore).

Ebbene, c'è chi ha preso questi versi di Bob Dylan alla lettera e li ha messi in pratica! Si tratta dell'amministrazione comunale di Ruvo di Puglia, in provincia di Bari, che ha progettato di coinvolgere artisti e cittadini per decorare il centro storico in occasione del Natale. Non di soli pennelli e scale ci sarà stato bisogno, ma di ingegno e di capacità di fare rete, per coordinare chi ha offerto gratuitamente la propria opera per il bene comune e del suo comune.

Il tema del progetto: "la vertigine e l'equilibrio". Un titolo che è tutto un programma! Eh già, perché quelli realizzati si sono poi rivelati molto più che semplici addobbi natalizi, ma vere e proprie installazioni anche interattive.

La vice sindaca Domenica Montaruli ci ha confermato il successo dell'iniziativa: si è trattato, ci ha spiegato, di un progetto culturale e sociale che, partendo dalla buona volontà e disponibilità della gente e passando attraverso dei laboratori formativi, è giunto a collaborare con veri e propri artisti! Il costo sostenuto è stato di poche decine di migliaia di euro, ma l'investimento in capitale umano, fatto di tempo donato e relazioni nuove, si è rivelato inestimabile. In tanti hanno portato la loro opera artigianale, perché sapevano fare o hanno imparato a fare. E la prima meraviglia è stata quella di chi aveva dimenticato e ha riscoperto abilità antiche!

Parlando della sua esperienza umana, la Montaruli si è detta entusiasta del senso di responsabilità riscontrato nei suoi conterranei, che si sono presi cura di manufatti artistici con dedizione e passione. Ci ha assicurato che tutto questo l'ha aperta a nuove visioni e a nuovi interventi che condurrà nel campo delle politiche sociali. In un mondo che quando parla di organizzazione troppo spesso fa seguire l'aggettivo "criminale", qui a Ruvo si è dimostrato che è, invece, sempre possibile fare rete quando si attinge da volti carichi di un'umanità che crea bellezza. Quando è così, le stelle sono più vicine e si scopre che ci si arriva tutti o non ci arriva nessuno: importantissima è l'umiltà di tenere la scala e il coraggio di sfidare l'ebbrezza e lo stordimento dell'altezza!

Da Ruvo, un paese dove le suore gerardine prestano il loro annuncio e servizio da più di cinquant'anni, ci viene una grande lezione di vita: *"Una comunità cittadina è sana e forte se riesce ad includere, a prevenire, a supportare e a condividere; se riesce a stringere legami e scambi tra soggetti istituzionali, realtà associazionistiche, mondo produttivo e del commercio. La forza di questi legami solidaristici dà stabilità, sicurezza e permette alla stessa comunità di crescere e svilupparsi nel rispetto delle persone, della cultura locale, dei mestieri e dei saperi antichi e moderni che la caratterizzano"* (@ruvosolidale).

Insomma, insieme è meglio! Cari giovani, forti dell'esempio del nostro san Gerardo e della risorsa più grande che siete voi, nonché sospinti dai nostri comuni valori, andiamo a caricare le stelle e portiamole quaggiù! E che Luce sia.

59 Forti più di una roccia

Febbraio 2018

"I re vedranno e si alzeranno in piedi, i principi vedranno e si prostreranno, a causa del Signore che è fedele, a causa del Santo di Israele che ti ha scelto. [...] Essi pascoleranno lungo tutte le strade, e su ogni altura troveranno pascoli. Non soffriranno né fame né sete e non li colpirà né l'arsura né il sole, perché colui che ha pietà di loro li guiderà, li condurrà alle sorgenti di acqua. Io trasformerò i monti in strade e le mie vie saranno elevate" (Is 49, 7ss).
Scomodiamo volentieri il profeta Isaia che ci illustra l'amore di Dio, il solo capace di toccare le corde più profonde del nostro cuore e... ora sì che siamo pronti ad accogliere papà Nayak e la sua incredibile storia!
Che comincia così: siamo a Gumsahi, un villaggio sperduto, nello stato di Orissa, nell'India orientale. Raggiungere Pulbhani, il centro abitato più vicino, richiede tre ore di cammino a causa di uno sperone di roccia da aggirare. E ai tre figli di Nayak Jalandhar, tocca recarsi proprio a Pulbhani per frequentare la scuola. Come dire, una vera e propria odissea quotidiana!
Tuttavia, ogni padre, si sa, desidera il meglio per i propri figli e sogna di dare loro ciò che non ha potuto ricevere. Nel nostro caso, questa speranza assume la forma dell'istruzione. E Nayak, il nostro papà, è un fruttivendolo analfabeta, ma... con una volontà eroica! Armato di mani nude, zappa, piccone, scalpello e pochi altri mezzi rudimentali, papà Nayak decide, allora, di "trasformare i monti in strade"!
Se non si può avvicinare la scuola, pensa, si può comunque provare a tracciare una linea retta per raggiungerla. Non solo: si possono rendere meno acuminate le rocce, perché capita spesso che i suoi ragazzi inciampino e si facciano male. E, così, togliendo del tempo al lavoro (e al sonno!), per ben due anni (ed ogni giorno per otto ore!), ha sistemato, scavato e solcato metà del cammino, ricavando dal nulla una strada di otto chilometri al fine di aggirare lo sperone di roccia. Ha svolto la sua opera nel silenzio e nell'umiltà,

fino a quando gli abitanti del suo villaggio hanno diffuso la notizia ai media locali.
Oggi Nayak è considerato una specie di eroe nazionale. Ha spiegato che il suo principale intento era il voler dare un'educazione ai suoi tre figli e, soprattutto, di vederli più spesso dopo la scuola. La divulgazione della sua impresa ha permesso di smuovere la macchina amministrativa. Il Governo, infatti, ha promesso di terminare la parte restante della strada e di retribuire Nayak per i chilometri di strada realizzati. E non è mica finita qui! Nayak ha rilanciato, chiedendo al governo locale di far arrivare l'elettricità e l'acqua potabile al suo piccolo villaggio!
Insomma, sembra proprio realizzarsi l'antica profezia di Isaia: "I re vedranno e si alzeranno in piedi, i principi vedranno e si prostreranno". Naturalmente ci sarebbe tanto da dire rispetto alle inadempienze dei governanti: sarebbe toccato alle autorità collegare anche le aree più remote e permettere ai bambini di esercitare il loro diritto allo studio! Tuttavia, fermiamoci alla speranza che questo papà 45enne grida al mondo intero: c'è solo da far silenzio e ascoltare. In fondo, la speranza è la consapevolezza che c'è una forza dentro di noi. Quella forza che permette di essere figli con testa e gambe per studiare, e padri e madri che bucano montagne per non ostacolarne il cammino! E quando padri, madri e figli camminano nella stessa direzione, nessuno può fermarli!
In fondo, è la stessa speranza raccontata dal profeta Isaia, che doveva annunciare un avvenimento assolutamente inconcepibile: un piccolissimo popolo, che non forse non raggiungeva le 15mila persone, avrebbe attraversato il deserto, avrebbe vissuto un nuovo Esodo per giungere a Gerusalemme. Gli ascoltatori saranno rimasti increduli! Un popolo di deportati era spesso condannato a scomparire e i settant'anni d'esilio avevano generato un profondo scoraggiamento: si supponeva che l'alleanza che Dio aveva voluto fosse stata annullata e che Dio stesso ne avesse abbastanza di loro. Solo il mettersi in cammino potrà portare a scoprire che Dio ama. E che

ama senz'altra ragione che il suo amore. Come il *piccolo resto* di ex deportati di Israele, così il piccolo grande Nayak: avranno probabilmente provato solitudine, scoraggiamento e chissà se hanno mai immaginato che il loro sogno sarebbe giunto fino a noi!

Cari giovani, il cammino è la metafora perfetta della vita. È molto probabile che nessuno di noi si recherà nell'India orientale per ripercorrere quel sentiero, ma quella nuova strada in fondo è lì anche per tutti noi. È essa stessa un dono capace di ravvivare la speranza. E noi siamo pronti a manifestare questo stesso entusiasmo, questo stesso spirito di sacrificio, questa stessa perseveranza?

Quanta energia attende solo di essere liberata! Di quanti *"ne vale la pena"* detti con gratuità c'è bisogno? La giusta dose ogni giorno, suppongo. Del resto, anche dagli errori s'impara che la speranza è innanzitutto un esodo continuo dall'individualismo verso il bene comune e, quindi, verso l'esperienza della comunione. Un esempio: ammesso e non concesso che l'ultimo i-phone sia indispensabile, resta comunque un mezzo e non il fine della nostra felicità. Va da sé, infatti, che dopo averlo ottenuto svanisce la favola e dobbiamo inventarci un nuovo desiderio. La speranza cristiana, invece, porta con sé sogni (non cose!) e un *poter essere* così grande da superare tutte le nostre vite messe insieme. La vera speranza, quella che salva, mi fa gioire autenticamente qui e ora, per ogni roccia che, per merito mio o di qualcuno che Lui mi ha messo accanto, è stata rimossa.

Roccia dopo roccia, passo dopo passo, con imprevisti e inciampi, senza bluff: la vita stessa, purché presa per il verso giusto, è il luogo perfetto per imparare l'arte dello sperare.

Qualcuno di voi giovani lo ha scritto sui *social network*: *"Il cammino La via La strada Il futuro lo scelgo L'anima Scelgo Il cuore Scelgo La stima Perché Solo di Quello Potrò Avere Rispetto E solo con Quello potrò Essere degno Di chiamarmi Uomo e di Chiamarla Vita"* (*@puntoluca*)

60 Che ci fa l'avocado nel paniere?

Marzo 2018

"Io ho scelto di non scegliere la vita, ho scelto qualcos'altro. Le ragioni? Non ci sono ragioni! Chi ha bisogno di ragioni quando ha l'eroina?" (dal film Trainspotting).

Questa frase, decisamente cinica, ci obbliga a discernere. E, per motivare il nostro dissenso, ci impone di domandarci: "come un giovane può trovare il meglio per sé?". Che, poi, è come un invito a scoperchiare il pentolone degli stili di vita dei giovani. Per scoprire... profumi esotici!

A questo proposito, l'avocado è entrato nel paniere che l'Istat utilizza per il calcolo dell'inflazione. Tra gli italiani, e tra i giovani in particolare, si è infatti ormai diffuso il consumo di questo frutto esotico, che sembra irrinunciabile, nei locali di tendenza, per preparare il guacamole: una salsa messicana a base di spezie e per l'appunto, di avocado.

Tuttavia, il costo della pietanza è talmente eccessivo dall'aver indotto Tim Gurner, un giovane imprenditore australiano, a lanciare la seguente provocazione: "Certo, se spendi 40 dollari al giorno per un toast con l'avocado e un caffè e poi non lavori – ha polemizzato il giovane imprenditore - è chiaro che non puoi permetterti una casa di proprietà!".

Ovviamente, non è finita qui: alcuni hanno obiettato che l'acquisto di uno smartphone o di un panino gourmet, può dare più soddisfazione di un investimento immobiliare. Ma, a voi, non sembra troppo semplicistica quest'obiezione?

Portando l'identità e il nome di Cristo in noi, siamo infatti chiamati ad esplorare diligentemente ogni nostro pensiero e ogni nostra azione, per vedere se conducono a Cristo e, dunque al bene, al vero, al bello.

Eh già, ragazzi, senza un po' di fatica non può esserci vero discernimento! A questo proposito, papa Francesco si chiede *"come salvare i giovani dal frastuono e dal rumore assordante dell'effimero, che li porta a rinunciare ad assumere impegni stabili e positivi per il bene individuale e collettivo. C'è un condizionamento che mette a tacere la voce della loro libertà, di quell'intima cella – la coscienza appunto – che Dio solo illumina e apre alla vita, se gli si permette di entrare".*

Prima di condannare i nostri giovani, allora, chiediamoci se ci sono adulti in grado di risvegliare in loro forza e speranza! Mentre gli adulti sono arenati (a cercare se stessi?), infatti, c'è un mercato persuasivo che offre un meglio fatto di sogni o, meglio, di pericolose illusioni.

In Trainspotting, tra provocazione e scandalo, Mark Renton (uno dei protagonisti) afferma: *"Scegliete la vita; scegliete un lavoro; scegliete una carriera; scegliete un maledetto televisore a schermo gigante ... E alla fine scegliete di tirare le cuoia in un ospizio schifoso, appena un motivo d'imbarazzo per gli idioti viziati ed egoisti che avete figliato per rimpiazzarvi ... Ma perché dovrei fare una cosa così? Io ho scelto di non scegliere la vita...".*

Ai "disfattisti Renton" ribadiamo: affidatevi a Dio! La vita va celebrata, scelta e immersa nell'offerta di sé, nella relazione e nell'amore. In Cristo. Quanto è prezioso ogni sforzo che ci conduce a scelte vagliate dalla coscienza e dai valori che sappiamo declinare! Sì, siamo capaci del meglio! E non solo quando ci sacrifichiamo e rinunciamo a volere tutto e subito, ma soprattutto quando commentiamo con gioia: "ne vale la pena!".

61 Lettere ad uno sconosciuto

Aprile 2018

"Volgi la mente da questa bassa aiuola a così eccelse meditazioni! Fallo adesso, finché il tuo sangue è caldo e sei ancora pieno di vigore, questo è il momento per guardare più in alto!" (Seneca).

A quanto pare l'arduo compito di stimolare sempre maggiore consapevolezza nei giovani è una missione antichissima, considerando che il filosofo romano Seneca è un contemporaneo di Gesù di Nazareth! Ed oggi ci si riesce? Direi che i giovani hanno segnato un (raro ma) bel punto a loro vantaggio! Difatti, le meditazioni delle quattordici stazioni della via crucis che è stata presieduta da Papa Francesco al Colosseo la sera del Venerdì santo, sono state scritte da un gruppo di giovani. Si tratta di quindici tra ragazzi e ragazze, di età compresa fra i 16 e i 27 anni, nove dei quali studenti del liceo di Roma Pilo Albertelli, coordinati dallo scrittore Andrea Monda, che in quell'istituto insegna religione.

Senza voler fare il guastafeste, in base alla mia esperienza di sacerdote direi di aver incontrato pochissimi giovani motivati a scrivere per il papa, a sostituirsi dunque agli addetti ai lavori, in gran parte teologi di lungo corso, con un forte cammino di fede alle spalle. Viva Dio, allora, se il frutto dei giovani che accompagniamo è una testimonianza semplice, profonda e soprattutto abbondante, vissuta da parte di tutti!

Non possiamo negare, infatti, che la maggior parte dei giovani, è comunque piuttosto indifferente (se non addirittura anticlericale!). Liquida l'offerta dell'evangelizzazione con un "non ho tempo!", decretando così che il cammino di fede non è tra le primissime priorità della sua vita già strutturata.

Cari giovani, starete pensando: "che ansia, ci metti!". Tuttavia, permettete di dirvi che il mio timore più grande è che state scegliendo di non scegliere, lasciando che le cose vadano da sé. E, intanto… il vigore diminuisce, per dirla con Seneca!

C'è una scena che forse vivete quotidianamente: la mamma che vi dice: "Assaggia, è buona! È una nuova ricetta!". E voi che rispondete, senza degnare di uno sguardo né lei, né tantomeno il piatto: "No, so già che non mi piace!". Di qui, un tira e molla senza che comunque se ne venga a capo! Perché è la proposta stessa a restare inascoltata, ancor prima di averne potuto fare esperienza e, quindi, aver magari potuto pronunciare un secco "no, grazie!" consapevoli dell'offerta ricevuta.

Come famiglia Redentorista, nello stile del dottore zelantissimo sant'Alfonso Maria De Liguori, non possiamo restare indifferenti a questo rifiuto a prescindere o, peggio, piangerci addosso, ma con realismo dobbiamo ricordare quel che prescrivono le nostre costituzioni: *"Quando le circostanze rendono impossibile l'annunzio diretto, immediato e totale del Vangelo, allora i missionari devono offrire la testimonianza della carità di Cristo con grande pazienza, prudenza e fiducia, cercando in tutti i modi di rendersi prossimo di ognuno".*

Dunque, pronti a rimboccarci le maniche! E non per fare proselitismo, ma per turbare l'indifferenza e scuotere il torpore dei giovani!

Al centro di tutto, c'è soltanto (e scusate se è poco!) Cristo e l'esperienza che ne abbiamo fatto: piccola, umana ma sufficiente a voler gridare al mondo intero che Lui è la gioia vera, antidoto ad ogni forma di anestesia proveniente dal mondo. Non possiamo non condividere tutto questo!

"Sollevate porte, i vostri architravi, porte eterne, perché entri il Re della gloria", dice il salmo 23. Certo, le porte delle nostre chiese, dei nostri santuari (penso anzitutto a quello di san Gerardo!) o delle cappelle di campagna (ad esempio, quelle di Scala, dove attualmente risiedo!) devono essere aperte, spalancate... ma, cari giovani, è il vostro cuore che, pieno di attesa e di curiosa speranza, deve aprirsi per sperimentare che Cristo stesso vi sta aspettando (e, a dirla tutta, anche dal un bel po'!!!).

Sono certo che la più remota delle vostre ricerche si farà presto incontro grazie al Suo amore gratuito e abbondante. Seguite la vostra genuina nostalgia di assoluto e troverete una più che esauriente risposta! Lasciate cadere i pregiudizi e il tutto e subito. E iniziate scavando dentro di voi! A questo punto, vi starete chiedendo: perché mai compiere quest'opera apparentemente complessa? Ma perché da soli non si sta affatto bene! E certamente non bastano una buona compagnia e una birra: la birra finisce e la compagnia si sostituisce!

Viceversa, Dio si fa vicino per sussurrare alla mente e al cuore: *"Poiché io sono il Signore, tuo Dio, che ti tengo per la destra e ti dico: Non temere, io ti vengo in aiuto. Non temere, vermiciattolo di Giacobbe, larva d'Israele; io vengo in tuo aiuto – oracolo del Signore –, tuo redentore è il Santo d'Israele"* (Is 41,13).

C'è tanta gente che mormora "ti tengo io per la destra": le varie voci mondane della cultura, della politica, di tutti quelli che, in qualche maniera, ci vogliono catturare. E che provano a blandirci e a coccolarci dicendoci: "dovete essere felici perché noi vi stiamo facendo felici". Tuttavia, chi mi tiene veramente per la destra è un Dio che conosce perfettamente me "vermiciattolo di Giacobbe, larva di Israele". La felicità proposta dal Dio rivelato da Gesù il Cristo, è posta sulla Via, passa necessariamente per la Verità e diventa Vita donata giorno dopo giorno.

Fidatevi: val la pena crederci! Anche come rimedio al catastrofismo imperante e, soprattutto, per fare esperienza che lo Spirito Santo ci guida già, senza che noi ce ne rendiamo del tutto conto! Altrimenti da dove verrà mai quel bene, quell'amore che già alberga dentro di noi?!

Siamo figli amati dal Padre. Certo, un po' ribelli, ma amati da sempre e per sempre! Non dubitiamo mai di questo! Cari giovani lettori, c'è una lettera che possiamo inviare al Padre quando vogliamo! Non sarà come una meditazione letta davanti a milioni di persone, ma prima di tutto renderà felice Dio di riceverla. Metteteci dentro pure tutte le vostre paure, angosce, perplessità ma... non trascurate neanche i desideri, i sogni e le aspirazioni. E poi... state a guardare. Scoprirete che il miracolo più grande siamo noi!

62 Ci conduce la sua volontà

Maggio 2018

“Stringetevi con l’amore sempre più a Gesù Cristo. L’amore è quel laccio d’oro che lega le anime a Dio e le stringe tanto che par non possano più separarsi da Dio” (Sant’Alfonso Maria de Liguori).

Lo avete appena letto: il nostro caro sant’Alfonso ci ricorda che uno degli impegni più importanti della nostra vita è la fedeltà. Essa si concretizza in scelte autentiche che, concatenate, descrivono la nostra vocazione.

Lo scorso 30 aprile la Famiglia Redentorista ha accolto nell’ordine del presbiterato un caro confratello, padre Oronzo, che ha dovuto legarsi ben bene al laccio d’oro della fedeltà per seguire il progetto di diventare sacerdote redentorista.

In verità, nel suo caso, piuttosto che di laccio, parlerei di doppio nodo scorsoio! Mi spiego: avete presente quei braccialetti che necessitano di essere adattati? Ebbene, padre Oronzo ha dovuto rimodellare il braccialetto della sua chiamata, poiché ha interrotto il cammino di formazione per assistere prima la sua cara mamma Giuseppina e poi sua sorella Teresa. Nel frattempo, da laico ha servito pastoralmente la sua chiesa di Carmiano, quindi ha concluso gli studi, per dedicarsi, infine, all’insegnamento.

In questi anni la sua fedeltà è maturata, si è approfondita ed è stata anche messa alla prova da tante sofferenze. In ogni caso, ogni percorso vocazionale, e così anche il suo, resta un misterioso viaggio che soltanto il Signore conosce perfettamente. Tuttavia, il cammino vocazionale scorre come il percorso di un fiume: quand’anche sia tortuoso, sotterraneo e lungo, giunge sempre al mare!

Eppure, cari giovani, restare fedeli ad una vocazione non è certo semplice! Il nostro laccio spirituale terrà sempre? Ed il non ricevere da subito tutte le risposte, ci farà rischiare di perdere quel “bene sommo” indicato da

sant'Alfonso? Sappiate, allora, che continuare a camminare è il solo modo per scoprire dove la grazia di Dio ci conduce.
Credo che il percorso di vita di padre Oronzo suggerisca che perseverare e continuare a restare in ascolto del primo amore (Cristo, nel suo caso!) non esprima cocciutaggine, ma assecondi la volontà di Dio.
Infatti, proprio questo, cari giovani, è fare la volontà di Dio: rinnovare ogni giorno le motivazioni fondamentali dei nostri "si", restare in ascolto dello Spirito Santo, desiderare tutto il bene possibile, avere il coraggio di fare sul serio e di non sciupare nulla del dono della vita che abbiamo ricevuto! Per dirla con papa Francesco: "Dio ci chiede di essergli fedeli, ogni giorno, nelle azioni quotidiane e aggiunge che, anche se a volte non gli siamo fedeli, Lui è sempre fedele e con la sua misericordia non si stanca di tenderci la mano per risollevarci, di incoraggiarci a riprendere il cammino, di ritornare a Lui e dirgli la nostra debolezza perché ci doni la sua forza".
Dunque ragazzi tenetevi forte a questo sacro laccio, perché... si (ri)parte! E con sempre più dedizione e gioia!

63 Sognare in grande

Giugno 2018

"Perché ho i sogni molto più grandi del cuore" (Frah Quintale. *Gli occhi*).
Sì, ma che cosa sognano i nostri giovani? Alcune notizie ci consentono di sbirciare nel loro profondo e di scoprire un cuore grande e bello.
Ed io vi racconto proprio una di queste notizie, confidando che me segnaliate delle altre all'indirizzo di posta elettronica *vincenzoloiodice@redentoristi.it*.
Veniamo a noi: l'insegnante di lettere Antonella Russo, che convive con difficoltà motorie, si era assentata per tre giorni dal lavoro, dalla sua V A dell'Istituto Tecnico *"Ernesto Cesaro – Vesevus"* di Torre Annunziata.

Nel suo percorso lavorativo rappresentava un evento del tutto straordinario, soprattutto perché non annunciato da alcun preavviso. Questa anomalia ha insospettito i suoi alunni Alessio, Liana, Eduardo, Antonio... Di lì a poco l'intera V A si è mobilità dapprima contattando un pizzaiolo, vicino di casa della prof e, poi, con l'aiuto di un altro professore, tutti si sono recati proprio a casa dell'insegnante a Vico Equense! Tuttavia, nessuno rispondeva alle loro insistenti scampanellate. Ma non per questo i ragazzi si sono arresi: grazie all'aiuto dei carabinieri la porta d'ingresso è stata forzata e… l'insegnante era a terra priva di sensi sul pavimento per un malore che l'aveva intrappolata in casa.

L'inedito intervento di pronto soccorso ha avuto successo, contribuendo a salvare la vita all'insegnante. "Sono viva grazie ai miei studenti – ha commentato la prof al ritorno in classe - con loro c'è un legame straordinario, come una mamma con i suoi figli!".

Che dire: quando le diverse generazioni (genitori e figli, insegnanti e alunni… proprio tutti!) camminano nella stessa direzione, c'è una sola grande famiglia. Si tratta di una meravigliosa famiglia allargata, perché include e non esclude e che è beata ("beata" è non la sola gioventù!!!) perché condivide la legittima ambizione di sognare in grande!

Questi giovani studenti napoletani ci dimostrano che si può essere anche eroi per un giorno salvando la vita alla prof, ma anche che questo non basta, perché l'eroicità sa di insolito. Il sentirsi famiglia, l'appartenersi, invece, ha l'irrinunciabile sapore della continuità! A ben pensarci, siamo chi incontriamo. Siamo il frutto della condivisione. In fondo, senza la condivisione d'amore dei nostri genitori, non saremmo qui. E senza la condivisione dei valori (quelli della famiglia, innanzitutto) saremmo senz'altro più poveri e più vuoti!

Non parlava forse di famiglia allargata anche Gesù quando diceva: *"chiunque fa la volontà del Padre mio che è nei cieli, questi è per me fratello, sorella e madre"*? (Mt 12,50).

In un'epoca nella quale crescono la solitudine e l'individualismo (ma nell'illusione di essere social!!!), ripartiamo irrobustendo, con dono e responsabilità, i legami dentro e fuori la famiglia: saremo tutti più ricchi!
Del resto, come cambierebbe la tua vita, caro giovane lettore, se sapessi di poter contare su tante persone che Dio ti mette accanto? Non solo, come cambierebbe la tua vita se potessi offrire i tuoi doni indistintamente?
Ebbene, sappi che già puoi, iniziando dal valorizzare le relazioni che già hai!
Credo che un grazie di cuore e nel cuore, nei confronti di quelli con i quali condividiamo le nostre giornate, sia un primo grande passo per allargare la nostra famiglia, per sognare in grande. Se poi riusciamo a farne l'ingrediente del nostro stile di vita... sarebbe il massimo! Oppure no?!

64 Chiamati alla Santità

Luglio 2018

"Un vero viaggio di scoperta non è cercare nuove terre, ma avere occhi nuovi" (Marcel Proust, scrittore).
Il viaggio più sorprendente che possiamo mai compiere, è dentro noi stessi (chiamati alla santità!). Con gli occhi della consapevolezza, possiamo (ri)scoprire valori tanto potenti da orientare le nostre scelte. Tra queste, l'appartenere alla Famiglia Redentorista.
Che cosa accomuna i lettori di *questa* nostra rivista, i laici impegnati nelle nostre comunità, i giovani cresciuti forti dell'esempio dei nonni (fedeli abbonati!) e gli sposi che si affidano a san Gerardo patrono delle mamme e dei bambini? Come si diventa parte di una così grande e diffusa Famiglia? E, soprattutto, perché è bello ed importante farne parte?
La gioia del vangelo è il più fortunato virus dal quale essere affetti e questo contagio assume un'infinità di nomi, di volti e di storie concrete (una infinità!).

lo l'ho contratto riconoscendo di appartenere a questa nostra Famiglia Redentorista!
Eppure, come diamo per scontata l'aria che respiriamo, e ne avvertiamo la mancanza (eccome!) solo in apnea, allo stesso modo forse non ci interroghiamo abbastanza su quanto alcune realtà ci trasformano migliorandoci. Ripenso agli anni della mia (beata?!) gioventù: ricordo ancora la malinconia nel dover congedarmi dai ragazzi della pastorale giovanile redentorista, dai Padri e dagli studenti/seminaristi quando, ancora giovane animatore, rientravo nella mia Puglia dal Colle Sant'Alfonso o dal Santuario di Materdomini. Ogni volta misuravo questo viaggio non in termini di chilometri percorsi, ma di piccoli (eppure così sostanziali!) passi avanti nella fede compiuti grazie alla spiritualità di sant'Alfonso e di tutti quelli che ai miei occhi ne incarnavano un aspetto: fosse la misericordia oppure l'accoglienza, oppure ancora la semplicità di vita... (chi frequenta i redentoristi sa che cosa intendo!).
Tutto questo mi ha reso quello che sono oggi, mi ha consentito di conquistare quegli "occhi nuovi", di cui parla Proust. Ed è per questo motivo che l'augurio e la preghiera più grande, che vorrei formulassimo insieme, è che questa nostra famiglia viva sempre più nella consapevolezza della preziosa consegna a tutti noi fatta per volontà di Dio.
Cari giovani, il vostro spirito grato vi porti a sognare in grande, così come hanno fatto i nostri santi, ed a realizzare progetti dal sapore missionario, impregnati cioè di sudore, di lacrime, di strette di mano che non si dimenticano! Vi auguro di poter dire: chi l'avrebbe mai detto che sarei diventato parte di questa famiglia, come sacerdote, come missionario laico, come volontario al Santuario o, ancora... chissà cos'altro!
A questo punto, vi starete chiedendo se potete già sentirvi parte della Famiglia Redentorista... ebbene, se avete aneddoti attinti dai Missionari e se conoscete i dettagli del lavoro apostolico che i Padri con i laici svolgono in Italia e negli altri settantanove Paesi del mondo... siete a buon punto!

Altrimenti, non temete: il desiderio di comunione è la preghiera più nobile e umile che Dio ascolta ed esaudisce! Con l'aiuto di Dio e la cooperazione dei fratelli, la redenzione in Cristo è assicurata!

65 Immaturi

Settembre 2018

"Suggerimento per i bambini: non siate troppo bravi alle elementari, i vostri genitori si aspetteranno quei voti per il resto della vita" (da un *meme*, cioè da un testo su internet condiviso da molti utenti).

Se questa vi sembra una mera battuta di spirito, e anche di dubbio gusto, pensate che, invece, fotografa una certa realtà che periodicamente ritrovo negli sfoghi e nelle richieste di consigli dei giovani e dei loro genitori. E, a questo proposito, vorrei trasferirvi la mia esperienza rispetto alle aspettative (meglio: alle pretese!) dei genitori in occasione dell'esame di maturità sostenuto quest'anno.

Siamo in una città pugliese alla quale sono molto legato e dei bambini, bravi già dalle elementari, sono diventati dei giovani che, nella loro classe liceale, hanno fatto della sana e leale competizione (sono amici da sempre) un volano verso l'eccellenza da certificare con il voto della maturità.

Tuttavia, quella che ho percepito come una norma non scritta ma che è legge per i docenti (e mi auguro di essere smentito da voi lettori), prescrive che non è possibile premiare molti maturandi di una stessa classe con il tanto agognato 100. Ed ecco che, allora, la competizione si trasferisce su di un altro piano, quello della raccomandazione. Come hanno candidamente dichiarato alcuni genitori: "ne abbiamo avuto la possibilità, e abbiamo giocato le nostre carte!". Anche all'insaputa dei loro stessi figli!!! Inoltre, tra questi stessi maturandi ci sono cognomi eccellenti, ai quali proprio non si poteva dire di no… E la meritocrazia? Resta l'illusione dei "buonisti" (termine perfetto

per assestare il colpo definitivo a qualunque rivendicazione di giustizia rispetto ai reali valori in gioco).
Intanto, mentre alcuni genitori minacciano ricorsi ed altri si pentono di non aver fatto qualche telefonatina, i ragazzi dimostrano che la maturità non l'hanno soltanto presa sulla carta e... cercano di non lasciarsi condizionare da questa esperienza: è ormai tempo di affrontare la vita forti dell'essere un gruppo coeso da sempre!
Quando sono venuto a conoscenza di questa storia, mi son sentito in obbligo di cercare una spiegazione al comportamento dei genitori che hanno agito nello spregio della meritocrazia (e del legame di amicizia coltivato nel tempo dai loro figli).
Ebbene, mi sono risposto che tanto attivismo (e arrivismo!) è forse imputabile ad una soddisfazione che non ha prezzo (?!): esibire il proprio figlio come un trofeo e poter dire a parenti e amici: "sai, si è diplomato con il massimo dei voti!". Penso, infatti, che ancor di più in questa nostra vita di relazione condizionata dai social network, conti solo quello che è ostentabile. Il 100 alla maturità, per l'appunto! Tuttavia, il percorso compiuto nell'arco di cinque anni, delicatissimi perché si passa dall'essere poco più che bambini al diventare dei giovani pronti per la vita reale, è davvero sintetizzabile in un voto? E le abilità, le competenze, le conoscenze, il metodo di studio? E la valutazione delle qualità umane, che sono senz'altro inestimabili?!
Le aspettative sono un traino potente della motivazione: ci spingono a dare il massimo ma... diventano un laccio che si avviluppa e tenta di soffocarci quando le cose non vanno in modo sperato. Da attese che erano, diventano pretese e si è disposti a tutto, anche a compiere un illecito, pur di soddisfarle.
"Il mio tesoro", ripeteva Gollum nella saga "Il signore degli anelli". Ricordate l'ossessione di questo personaggio creato dallo scrittore inglese John Ronald Reuel Tolkien? L'avidità di possedere un anello, rendeva scostanti e, soprattutto, aggressivi. Quanta pace, invece, troviamo in quel che si contrappone alla pretesa: la modestia, la semplicità, l'umiltà... Certo, si tratta

di valori che fanno rifiutare le scorciatoie scovate dalle ingiustizie e, viceversa, fanno imboccare strade strette, in salita.
Eppure, proprio queste ultime sono le vie indicate dal Vangelo! Gesù ci dice: "Venite a me, voi tutti che siete stanchi e oppressi, e io vi darò ristoro. [...] Imparate da me, che sono mite e umile di cuore, e troverete ristoro per la vostra vita" (Matteo 11,28 ss). Guglielmo di Saint-Thierry, un monaco vissuto intorno al 1100, commenta così questo passo del Vangelo, facendo dire a nostro Signore: "Tu gemi e ti lamenti sotto il mio giogo, ti affatichi sotto il mio fardello, ma è l'amore che dà al mio giogo la dolcezza e al mio fardello la leggerezza. Vuoi l'amore? Ebbene tu hai imboccato il cammino che conduce alla vita: se non abbandonerai questo cammino arriverai al fine desiderato. Io cammino davanti a te, tu devi soltanto mettere i tuoi passi nei miei. Io ho faticato, ho resistito: anche tu fa lo stesso, anche per te è necessario fare fatica. Io ho sopportato molte sofferenze: anche a te occorre soffrire qualcosa. Il cammino che conduce all'amore è l'obbedienza. Tieni saldo questo punto e arriverai. Sappi che l'amore è un immenso tesoro, val la pena che si spenda tutto il prezzo necessario per acquistarlo. Sì, Dio è amore: quando sarai giunto all'amore allora non farai più fatica. Io ti aiuterò a portare la tua fatica, sono io che finora e fin qui l'ho portata, sono io che la porterò ancora".
Cari amici, non è proprio così anche nella nostra vita? Non è forse vero che noi conosciamo realmente solo chi e ciò che amiamo? I vostri studi, tutta la vostra conoscenza e la vostra intelligenza, hanno come principio sempre l'amore, dunque i valori. Non lasciatevi scoraggiare dal male, anche se imperante. Soprattutto, non accettate le scorciatoie che vi disumanizzano!
In ogni caso, la prossima volta che i vostri genitori vi chiedono: "che voto hai preso?", potete sempre rispondere che, appena andrete al Santuario di San Gerardo, chiederete ai Padri informazioni su come prendere i voti (religiosi, s'intende!). Chissà che un po' di ironia, li distolga dal ricorrere a spintarelle inopportune!!!

E per concludere...
l'opinione di un lettore interessato

Proprio oggi!

"Ah beata gioventù, leggi Vincenzo Loiodice! Se poi continuano a piacerti soltanto i post sui social network, beh... allora non c'è niente da fare!!!"

Caro giovane lettore di questo libro, ed eccoci alla fine... dalla quale ripartiamo!

Perché, certo, ti sei gustato l'introduzione... ma poi sicuramente non hai resistito: "La legge è uguale per tutti. Basta essere raccomandati" (Marcello Marchesi, lo ritrovi al capitolo 8) oppure "Ciò che non abbiamo osato, abbiamo certamente perduto" (Oscar Wilde, al capitolo 26) e, ancora, "Ridiamo valore ai salari. Ridiamo un futuro ai giovani, Ridiamo onestà alla politica, Ridiamo valore alla cultura, Sì, ridiamo!" (se anche a voi manca Totò, rieccolo al capitolo 22)...

E queste sono soltanto alcune delle belle citazioni scelte con indiscutibile talento da padre Vincenzo Loiodice e che aprono ciascun capitolo / articolo di questo libro (ma altre le hai trovate anche all'interno dei diversi capitoli).

Te ne sarai senz'altro appropriato con avidità, leggendole tutte d'un fiato, una di seguito all'altra, neanche fossero twitter di un influencer.

Poi, certo, qualcuna di queste citazioni ti avrà spinto a proseguire nella lettura. Io per esempio, da *primo lettore* di Vincenzo (per piacere e per dovere), mi sono una volta di più sentito irresistibilmente richiamato da *chi è forte più di una roccia* e sono andato a rileggermi l'impresa di Nayak (anzi, lo rifaccio proprio ora ritornando al capitolo 59) che ha incessantemente scavato e solcato per ricavare dal nulla una strada lunga otto chilometri al fine di aggirare uno sperone di roccia e consentire ai suoi figli di non sobbarcarsi più tre ore di cammino per raggiungere quotidianamente la scuola. Non solo, ancora oggi mi incuriosisce (e affascina) il sapere come fa a prevalere la

figura del nonno (ma chi?! ma dove?!) anche quando non è più un "giocattolo" per il nipotino (e, quindi, mi precipito al capitolo 17)
Del resto, non piacerebbe anche a te essere invitato ad avere occhi nuovi per compiere viaggi di vera scoperta (le istruzioni per l'uso sono al capitolo 64)? Oppure sollecitato a circondarsi di persone che ti dedichino il loro tempo e non le loro pause (capitolo 43)? E stimolato a vedere le cose non per come sono, ma per come potrebbero essere in meglio (capitolo 16)?
Ripercorri il libro, allora! Ti imbatterai in un continuo incrocio di storie, che rimbombano forti nel vuoto, come l'eco gridato in una valle deserta: *"Ehi, c'è nessunooooo? C'è qualche giovane che intende percorrere territori nuovi, compiere non un mero viaggio, ma una vera e propria esplorazione?"*. E proprio questo è quel che ti invita a fare Vincenzo!
Hai quasi sempre il *chi*, il *come*, il *dove* e il *quando* in ciascuna delle notizie che scambi in rete oppure che apprendi dai mezzi di comunicazione di massa tradizionali. Tuttavia, spesso ti manca il *perché*. Manca una interpretazione dei fatti quotidiani che solleciti la riflessione e il confronto, quel percorso che porta alla condivisione ed al generare bene comune.
Pertanto, Vincenzo dice a te, dice al lettore degli articoli che pubblica dal 2012 su In cammino con san Gerardo, la rivista della Famiglia redentorista: attenzione, non accettare la fine di ogni storia, prima di scrivere tu l'ultima riga coerentemente alla vocazione che ritieni di possedere!
È proprio così: ripercorrere questo libro non ti darà l'idea di un mero stato d'animo di un autore che rilegge dei fatti di cronaca, ma di una prospettiva certa. Quella della santità alla quale sei meravigliosamente chiamato (lo siamo tutti!). E dalla quale ripartiamo. Noi con te. Ogni giorno.

Il primo lettore di Vincenzo Loiodice
Gianluca Marsullo
direttore de *In cammino con san Gerardo*

Printed by Books on Demand GmbH, Norderstedt / Germany